ECONOMIA AMBIENTAL E CONTABILIDADE AMBIENTAL:

internalizando os custos ambientais nos custos dos bens e serviços produzidos

SUMÁRIO

P

1. INTRODUÇÃO..7

2. O DESENVOLVIMENTO ECONÔMICO..9

3. O DESENVOLVIMENTO SUSTENTÁVEL...14

4. AS QUESTÕES AMBIENTAIS E A EMPRESA...20

5. A ECONOMIA AMBIENTAL...37

6. A CONTABILIDADE AMBIENTAL...44

6.1. CONCEITOS PREDOMINANTES EXISTENTES.....................................47

6.1.1. Contabilidade Ambiental..47

6.1.2. Custos Ambientais..49

6.1.3. Passivos Ambientais..55

6.1.4. Ativos Ambientais...58

7. A CONTABILIDADE AMBIENTAL ANTES DO RELATÓRIO DE BRUNDLAND EM 1987..60

8. A CONTABILIDADE AMBIENTAL DEPOIS DO RELATÓRIO DE BRUNDLAND EM 1987..62

9. MÉTODOS DE CUSTEIOS CONTÁBEIS E DE VALORAÇÃO ECONÔMICA DOS RECURSOS AMBIENTAIS..76

9.1. Métodos de Custeios Contábeis...76

9.2. Métodos de Valoração Econômica dos Recursos Ambientais................78

10. DESENVOLVIMENTO DO MÉTODO DE MENSURAÇÃO PARA INTERNALIZAÇÃO DOS CUSTOS AMBIENTAIS NOS CUSTOS DOS BENS E SERVIÇOS PRODUZIDOS..................84

10.1. Externalidade Ambiental..................85

10.2. A Gestão Ambiental nas Empresas..................88

10.3. Algumas Discussões para o Desenvolvimento do Método de Mensuração para a Internalização dos Custos Ambientais nos Custos dos Bens e Serviços Produzidos..................94

10.4. Conceito de Variável Ambiental..................98

10.5. Conceito de Variável Econômica..................98

10.6. Conceito de Variável Econômica Ambiental..................98

10.7. Método para a Mensuração da Variável Ambiental..................100

10.8. Métodos para a Mensuração das Variáveis Econômicas Ambientais..................109

10.9. Procedimentos para os Registros dos Fatos Contábeis Ambientais na Empresa..................110

10.9.1. Fundamentações teóricas para os Procedimentos para os Registros dos Fatos Contábeis Ambientais na Empresa..................110

10.9.2. Proposição de Procedimentos para a Contabilização dos Fatos Contábeis na Contabilidade Ambiental da Empresa..................117

11. APLICAÇÃO DA PROPOSTA DO MÉTODO DE MENSURAÇÃO DOS CUSTOS, ATIVOS E PASSIVOS AMBIENTAIS NAS EMPRESAS: ESTUDO DE CASO NAS INDÚSTRIAS DO RAMO DE BEBIDAS..................119

11.1. Diagnóstico Ambiental da Empresa do Ramo de Bebidas..................120

11.1.1. Diagnóstico das Atividades Econômicas Ambientais da Empresa do Ramo de Bebidas 120

11.1.2. Diagnóstico dos Problemas Ambientais, Poluentes, Efeitos, Danos Potenciais ao Meio Ambiente relacionados às Atividades Econômicas Ambientais da Empresa do Ramo de Bebidas 121

11.1.3. Diagnóstico das medidas de controle ambiental (variável econômica ambiental) utilizadas pela empresa do ramo de bebidas 126

11.2. Determinação dos Métodos de Mensuração das Variáveis Econômicas Ambientais da Empresa do Ramo de Bebidas 126

11.3. Determinação dos Indicadores para a Variável Econômica Ambiental: Danos Potenciais ao Meio Ambiente 126

11.4. Métodos utilizados para a Mensuração das Variáveis Ambientais da Empresa do Ramo de Bebidas 127

11.5. Funções de Produção para o Cálculo das Variáveis Ambientais por Atividade da Empresa do Ramo de Bebidas 127

12. PROPOSIÇÃO DE PLANO DE CONTAS AMBIENTAIS PARA A EMPRESA 161

12.1. Estrutura Básica para os Planos de Contas Propostos com a Inserção das Contas Ambientais 164

12.2. Plano de Contas das Atividades Econômicas Ambientais – PCAEA . 169

12.3. Plano de Contas Convencional e Ambiental – PCCA 170

12.3.1. Contas do Ativo 170

12.3.2. Contas do Passivo 173

12.3.3. Contas de Resultados..174

12.4. Plano de Contas Ambiental Gerencial e Financeiro - PCAGF............177

12.4.1. Contas do Ativo...177

12.4.2. Contas do Passivo..178

12.4.3. Contas de Resultados...179

13. CONSIDERAÇÕES FINAIS..181

14. REFERÊNCIAS BIBLIOGRÁFICAS

ANEXOS

QUADRO I – MATRIZ CORRELAÇÃO: Atividades Econômicas Ambientais x Problemas Ambientais x Poluentes

QUADRO II – MATRIZ CORRELAÇÃO: Atividades Econômicas Ambientais/ Poluentes x Efeitos x Danos Potenciais Ambientais

QUADRO III – MATRIZ CORRELAÇÃO: Atividades Econômicas Ambientais/ Poluentes x Medidas de Controle Ambiental

QUADRO IV – MATRIZ CORRELAÇÃO: Atividades Econômicas Ambientais/ Poluentes x Danos Potenciais Ambientais x Métodos de Mensuração

QUADRO V – MATRIZ CORRELAÇÃO: Atividades Econômicas Ambientais/ Poluentes x Danos Potenciais Ambientais x Indicadores

QUADRO VI – Sinopse do Resultado do Diagnóstico Ambiental: Problemas Ambientais x Danos Potenciais Ambientais

QUADRO VII – PLANO DE CONTAS DAS ATIVIDADES ECONÔMICAS AMBIENTAIS – PCAEA: com Base na Empresa do Ramo de Bebidas

QUADRO VIII – PLANO DE CONTAS CONVENCIONAL E AMBIENTAL – PCCA

QUADRO VIII-A – DEMONSTRAÇÕES DOS RESULTADOS DO EXERCÍCIO DO PCCA

QUADRO IX – PLANO DE CONTAS AMBIENTAL GERENCIAL E FINANCEIRO - PCAGF

QUADRO IX-A – DEMONSTRAÇÕES DOS RESULTADOS AMBIENTAIS DO EXERCÍCIO DO PCAGF

1. INTRODUÇÃO.

Os estudos sobre a contabilização dos fatos geradores relativos aos impactos negativos ao meio ambiente e a terceiros causados pelas atividades econômicas industriais estão num processo contínuo de desenvolvimento para a construção de um método para a mensuração dos custos ambientais, dos ativos e passivos ambientais nas empresas. Mas, até o presente momento não há uma unanimidade nas metodologias e planos de contas propostos para a aplicação da Contabilidade Ambiental. As empresas, os governos, as organizações ambientalistas e não ambientalistas e todos interessados na responsabilidade ambiental empresarial são cônscios da necessidade da busca dessa metodologia.

Sabendo dessa situação, após reflexões nesses últimos anos, e vários estudos e acompanhamento de diversas discussões ambientais atuais (MDL – Mecanismo de Desenvolvimento Limpo, Mudanças Climáticas, Sequestro de Carbono, etc.), vimos retomar uma proposta de um método para a mensuração dos custos ambientais, ativos e passivos ambientais, e de um plano de contas para os registros dos fatos geradores relativos às questões ambientais. Essa proposta foi apresentada em 1999 em uma monografia elaborada para a conclusão do curso de especialização em Economia do Meio Ambiente, ofertado pela Faculdade de Administração, Economia e Ciências Contábeis da Fundação Universidade Federal do Estado de Mato Grosso.

Então, com base nessa monografia, estamos construindo este livro com o objetivo de propor um método que registre os fatos geradores de problemas ambientais e que internalize os custos dos danos ambientais nos custos dos bens e serviços produzidos da empresa, bem como contemple o princípio do poluidor pagador.

Inicialmente faremos uma contextualização sobre o desenvolvimento econômico convencional e o desenvolvimento sustentável. Depois sobre as questões ambientais nas empresas, e as conceituações existentes de economia ambiental, contabilidade ambiental, custos ambientais, ativos e passivos ambientais. Uma apresentação dos métodos contábeis e os métodos de valoração econômica dos recursos ambientais possíveis de serem aplicados na Contabilidade Ambiental. Será apresentada a proposta do método para a mensuração dos custos ambientais, ativos e passivos ambientais de FARIA, J. J. P. construída em 1999 e o desenvolvimento de uma nova proposta a partir desta. Um estudo de caso numa empresa do ramo de bebidas para demonstrar a aplicabilidade do método proposto. Considerações sobre a aplicabilidade do método de mensuração dos custos, ativos e passivos ambientais. Uma proposição de um modelo de Plano de Contas das Atividades Econômicas Ambientais desenvolvidas pela empresa que servirá de instrumento para a proposta de um modelo de Plano de Contas Convencional e Ambiental integrando a Contabilidade Convencional e a Contabilidade Ambiental; e para a proposta de um modelo de Plano de Contas Ambiental Gerencial e Financeiro de uma empresa. Serão apresentados novos conceitos de economia ambiental, contabilidade ambiental, custos, ativos e passivos ambientais. Finalmente, proposições para aplicação do método para mensuração dos custos, ativos e passivos ambientais.

2. O DESENVOLVIMENTO ECONÔMICO

O desenvolvimento econômico no século XIX, principalmente após a revolução industrial, está alicerçado na teoria do conhecimento, na teoria econômica e científica. Os fundamentos da teoria do conhecimento estão em descrições filosóficas de diversos pensadores. René Descartes expressou a máxima do pensamento lógico racional e que foi caracterizado como um método. MATTAR, J. (2004) diz que o método cartesiano foi desenvolvido para conduzir a razão e procurar a verdade nas ciências. Já o empirismo inglês (John Locke, George Berkeley e David Hume) contrapõe Descartes afirmando que de forma geral a única fonte para as idéias é a experiência sensível (valorização dos sentidos). O idealismo alemão de Immanuel Kant e George W. F. Hegel. Kant distingue os conhecimentos empíricos (ou *a posteriori*), que se originam da experiência, dos conhecimentos *a priori,* que não possuem elementos da experiência. Hegel tem como sua obra em geral batizada de idealismo absoluto, pois identifica a realidade com a razão. O que é racional é real e o que é real é racional.

O marco inicial da teoria econômica e científica, segundo RIZZIERI, J. A. (2005) coincide com os grandes avanços da técnica e das ciências físicas e biológicas, nos séculos XVIII a XXI. Nesse período uma gama significativa de leis econômicas foi desenvolvida com base nas concepções mecanicistas, organicistas e posteriormente humanas, por meio das quais os economistas procuraram interpretar os principais fenômenos da atividade econômica. Os economistas organicistas pretendiam que o organismo econômico se comportasse como um órgão vivo. Os problemas de natureza econômica eram expostos numa terminologia retirada da biologia (órgãos, funções, circulação, fluxos, fisiologia, entre outros). Os mecanicistas pretendiam que as leis da economia se comportassem como determinadas leis da física. A terminologia utilizada era a estática, dinâmica, aceleração, rotação, velocidade, fluidez, forças, entre outras. O mesmo autor, ainda, afirma que as concepções organicistas e mecanicistas foram ultrapassadas, atualmente, pela concepção humana. A economia repousa sobre os atos humanos e é por excelência uma ciência social. Apesar da tendência atual de se obter resultados os mais precisos possíveis para os fenômenos econômicos é quase impossível fazer análises sem considerar as complexas reações do homem no contexto das atividades econômicas.

Desenvolvimento econômico, conforme MILONE, P. C. (2005), é entendido pelas mudanças de caráter quantitativo dos níveis de produto nacional, pelas modificações que alteram a composição do produto e pela alocação dos recursos pelos diferentes setores da economia. Para se caracterizar um processo de desenvolvimento econômico, deve-se observar a existência de: crescimento do bem-estar econômico, medido por indicadores de natureza econômica, por exemplo: produto nacional total, produto nacional per capita; diminuição dos níveis de pobreza, desemprego e desigualdade; e melhoria das condições de saúde, nutrição, educação, moradia e transporte.

O modelo de desenvolvimento econômico adotado até este século com base na teoria do conhecimento, na teoria econômica e teoria científica tem sido mais mecanicista e tecno-científica. Este modelo tem provocado redução dos recursos naturais não renováveis e a depleção dos recursos naturais renováveis. A consequência desse processo é o fato dos recursos naturais estarem ficando escassos com a adoção desse modelo de desenvolvimento econômico visando à transformação dos produtos primários em produtos manufaturados, através do processo industrial, principalmente a partir do século XIX. Toda essa gama de conhecimentos gerou um modelo de desenvolvimento que não tinha preocupação com os recursos naturais, os quais eram abundantes. As tecnologias desenvolvidas, os instrumentais utilizados não visavam o melhor aproveitamento dos recursos naturais. Não havia a preocupação com a sustentabilidade. Era um desenvolvimento que promovia a redução dos recursos naturais não renováveis. Alguns autores chamam a este modelo de desenvolvimento reducionista e insustentável. Não era um desenvolvimento, mas sim um crescimento a qualquer custo, essencialmente capitalista. O capital e a sua acumulação eram a força motriz do crescimento das economias da época. Este modelo teve como conseqüências para o Planeta Terra, conforme ROHDE, G. M. (1998) cita fatos apontados por cientistas que estudam o meio ambiente:

- Crescimento contínuo e permanente em um planeta finito;
- A acumulação acelerada de materiais, energia e riqueza;
- A ultrapassagem de limites biofísicos da natureza;
- A modificação de ciclos biogeoquímicos fundamentais;
- A destruição dos sistemas de sustentação da vida;
- A aposta constante nos resultados da tecnociência para minimizar os efeitos causados pelo crescimento.

A estes fatos acrescento:

- A alteração dos sistemas naturais de equilíbrio das populações da fauna, flora e humana;

- A acreditação de que a tecnociência é a máxima para promover o bem estar das populações humanas do Planeta.

Segundo ROHDE, G. M. (1998), é possível discernir quatro fatores principais que tornam a civilização contemporânea insustentável a médio e longo prazo:

- Crescimento populacional humano exponencial;
- Depleção da base de recursos naturais;
- Sistemas produtivos que utilizam tecnologias poluentes e de baixa eficácia energética;
- Sistema de valores que propicia a expansão ilimitada do consumo material

A estes acrescento mais três fatores que são complementares à idéia deste autor:

- Sistemas de valores que propiciam o consumismo exagerado, além das necessidades básicas; o materialismo por excelência.
- Crescimento da produção de alimentos em progressão aritmética;
- Sistemas produtivos atingindo o limite máximo do potencial de produção.

Os fatos e fatores mencionados anteriormente, nos dois últimos séculos e principalmente no último quarto do século passado, fizeram o homem aperceber-se de que este sistema de desenvolvimento não estava satisfazendo a condição de bem estar social preconizada. O ponto primordial de estrangulamento foi a "descoberta" de que os recursos naturais não são infinitos e que eles já estão ficando escassos. Além do agravante dos impactos ambientais causados pelo sistema operacional desse modelo de desenvolvimento que trouxeram graves conseqüências para o Planeta e o Homem, como: a degradação do meio ambiente, a poluição, a exaustão dos recursos naturais, danos à saúde e altos custos sociais à União, Estados e Municípios, as células matrizes de uma federação. Quando as células se desorganizam, desestruturam-se, adoecem, contaminam os tecidos (os Estados), e atingem os órgãos (as Federações) até a destruição do ser, o Planeta. Se a tendência deste modelo de desenvolvimento continuar dessa forma poder-se-á chegar à insustentabilidade, trazendo como consequência a inviabilidade da vida do homem no Planeta, com a população existente (e mais o seu crescimento vegetativo).

Mas, em meados da metade do século passado como bem coloca OLIVEIRA, R. G. (2005), um grupo de pesquisadores publicou um trabalho intitulado *Limites do Crescimento*, em que o ritmo de crescimento da economia mundial só se sustenta graças a uma progressiva e insaciável exploração dos recursos naturais e ao comprometimento das condições do meio ambiente humano. Este estudo gerou uma série de previsões catastróficas quanto ao futuro da Terra, um pessimismo exarcebado. Segundo este autor, a teoria econômica pode ajudar a obter resultados a essas questões. O campo da economia que aplica a teoria às questões relativas ao manejo e preservação do meio ambiente é chamado Economia Ambiental.

Atualmente tem causado preocupações às comunidades científicas e políticas, às diversas instituições privadas e públicas que estudam o meio ambiente com relação aos impactos ambientais negativos causados por este modelo de desenvolvimento, com relação à sobrevivência humana. A responsabilidade foi despertada para os grandes problemas ambientais: o aquecimento do planeta; a camada de ozônio e a desertificação.

3. O DESENVOLVIMENTO SUSTENTÁVEL

A problemática das questões ambientais referente ao modelo de desenvolvimento econômico mecanicista e reducionista gerou uma necessidade de mudança no processo de desenvolvimento. Em 1987, após a edição do Nosso Futuro Comum - pela Comissão Mundial sobre o Meio Ambiente e Desenvolvimento, que ficou conhecido como Relatório Brundland, surgiu um novo paradigma o do desenvolvimento sustentável. Este paradigma propunha que a humanidade deveria ter habilidades para se desenvolver, relevando as necessidades essenciais para a erradicação da pobreza, dentro da limitação ecológica da Terra, sem comprometer as habilidades das gerações futuras.

Esse relatório preconizou reorientar a tecnologia e a administrar o risco de danos ambientais. A fundir princípios econômicos e ambientais na decisão de investimentos; desenvolvimento de tecnologias que admitam o uso de fontes energéticas renováveis; tecnologias ecologicamente adaptadas, etc.

Esses estudos e discussões, dentro da visão do novo paradigma de desenvolvimento sustentável, propugnaram pela utilização de sistemas de produção que respeitem a base ecológica do desenvolvimento em todas as atividades econômicas. Este modelo de desenvolvimento procura harmonizar o desenvolvimento econômico com a equidade social e prudência ecológica, maximizando a proteção ambiental e minimizando os impactos negativos ao meio ambiente, valorando os recursos naturais. E tem como finalidade precípua a de atender as necessidades humanas das gerações presentes e das gerações futuras.

O paradigma do desenvolvimento sustentável, como ocorreu com o desenvolvimento econômico convencional, também teve uma sustentação teórica, compreendendo os campos da teoria do conhecimento, da teoria econômica com a inserção da dimensão ambiental, ou seja, teoria econômico-ambiental, e na teoria científica.

No campo da teoria do conhecimento ROHDE, G.M. (1998) faz uma abordagem sobre os diversos conhecimentos que podem fundamentar a questão da sustentabilidade. A teoria da auto-organização, por Francisco Varela em 1979, subverte a idéia de causalidade mecânica, com visão alternativa sobre o problema da contingência. A fundamentação das relações na teoria da auto-organização é feita sempre tendo em vista a recursividade entre um sistema dinâmico e seu ambiente. O Método de Morin (1977, 1980 e 1986) propõe um saber conjuntivo e articulador, o aprender a articular pontos de vistas, disjuntos do saber, em um ciclo ativo. O método parte da idéia de organização ativa como sinônimo de reorganização permanente. A raiz *"re"* física representa uma categoria fundamental: repetir, reorganizar, reproduzir, reciclar, retornar, rememorar, recomeçar, refletir, revolver, reusar, etc. O paradigma Holístico, inicialmente com Koestler em 1969, afirma a inseparatividade de todas as coisas e procura eliminar o discurso e a prática dualistas. A emergia (ecologia energética) – na década de 1970 – é conceituada como a quantidade de energia multiplicada por uma transformidade que se relaciona com a quantidade da energia em questão. Os modelos de emergia integram as ações humanas e os seus impactos ao meio ambiente, locais ou globais. A abordagem emergética oferece subsídios na avaliação dos valores atribuídos a processos e recursos naturais. A teoria de Gaia está na idéia de que a Terra está viva, a primeira afirmativa nesse sentido partiu de James Hutton em 1785. Na teoria de Gaia a evolução vital interage e molda o meio físico, a parte biológica é responsável pelo controle planetário. Os princípios filosófico-científicos emergentes dos novos paradigmas e teorias que podem compor a base para a construção da sustentabilidade são: contingência (novo não-necessário, do diferente contraditório, no contexto filosófico da teoria da auto-organização. No contexto científico – a contingência assume a forma das propriedades emergentes dos sistemas – principalmente vivo – que não estão previstas pelo somatório particular das partes que os compõem); complexidade (opõe-se à irracionalidade e a racionalidade, às racionalizações, incerteza e ambigüidade. A complexidade associa o objeto ao seu ambiente); sistêmica (engloba a abordagem holística quanto à totalidade, além de incluir aspectos sobre autonomia e integração); recursividade (baseia-se no paradigma do "re" e põe a organização ativa como sinônimo de reorganização permanente); conjunção (a articulação dos campos do conhecimento, dos saberes e das abordagens, permeando todos paradigmas científicos novos); interdisciplinaridade (permeia todos os novos paradigmas científicos e possui maior relevância na abordagem sistêmica, na complexidade e na questão ambiental).

A teoria econômica-ambiental foi moldada numa teoria econômica fundamentada nas relações entre as atividades econômicas antrópicas e o meio ambiente, formando um arcabouço lógico para a construção das diretrizes e dos princípios do modelo de desenvolvimento sustentável. Alguns autores que contribuíram para se chegar à concepção da teoria econômica-ambiental: Pigou

(1920) economista que sugeriu um imposto para pagamento da contaminação gerada, como alternativa para reduzi-la; A formulação do princípio do Poluidor Pagador (s.d.), com base na idéia de Pigou, de quem polui (causa dano ambiental) tem que pagar; R. H. Coase (1960) em um artigo *"The Problem of Social Cost"* propôs que o mercado regularia os direitos ao meio ambiente (que os agentes econômicos teriam independentemente de como fossem distribuídos) sempre que estes estivessem definidos e que se poderiam negociá-los; K. E. Boulding (1966), citado por CECHIN, A. e VEIGA, J. E. (2010) afirma que o fluxo metabólico da humanidade é algo que deve ser minimizado e não maximizado. No futuro não haverá escolha: o *modus operandi* do processo econômico será um sistema circular autorrenovável em termos materiais, sendo necessário apenas o aproveitamento econômico da entrada de energia solar. O mundo é um sistema fechado para materiais, mas aberto para entrada e saídas de energia. Comparou a uma nave espacial, daí a expressão economia do astronauta. Nicolas Georgescu-Roegen (1971), matemático e economista, com a aplicação da entropia na economia; Meadows e outros pesquisadores (1972), ao prognosticar os limites do crescimento econômico que caminhava para a exaustão dos recursos naturais não renováveis e a depleção dos recursos naturais renováveis; Maurice Strong (1973) lançou o conceito de ecodesenvolvimento que consistia na definição de um estilo de desenvolvimento baseado na utilização dos recursos naturais, sem comprometer com a sua exaustão. Ignacy Sachs (1981) ampliou o conceito de ecodesenvolvimento de Strong, em que este modelo de desenvolvimento tinha como objetivo a harmonização dos objetivos sociais e econômicos do desenvolvimento com uma gestão ecologicamente prudente dos recursos e do meio. Herman Daly (1973), citado por CECHIN, A. e VEIGA, J. E. (2010), baseou no conceito da condição estacionária do economista britânico John Stuart Mill, em que a população e o capital tenderiam a parar de crescer e se manteriam constantes. Os recursos da natureza só seriam usados para melhorar qualitativamente os bens de capital.

ROMEIRO, A. R. (2010) comenta que no debate acadêmico da economia do meio ambiente há duas correntes principais de interpretação: a Economia Ambiental (o "*mainstream*" neoclássico) considera que os recursos naturais (como fonte de insumos e como capacidade de assimilação de impacto dos impactos dos ecossistemas) não representam um limite à expansão da economia, a longo prazo. E a Economia Ecológica que considera o sistema econômico como um subsistema de um todo maior que o contém, impondo uma restrição absoluta à sua expansão. Capital e recursos naturais são complementares. O progresso científico e tecnológico é visto como fundamental para aumentar a eficiência na utilização dos recursos naturais renováveis e não renováveis. Nesse aspecto esta corrente partilha com a primeira a convicção de que é possível instituir marco regulatório com base em incentivos econômicos para aumentar a eficiência produtiva.

A teoria científica está vinculada à contribuição para o desenvolvimento de novas tecnologias poupadoras de recursos naturais e de tecnologias que minimizem os impactos negativos ao meio ambiente e que causem danos a terceiros, através da redução de produção de resíduos sólidos, líquidos e gasosos. E, também, da elaboração de princípios que nortearam a base para a construção do paradigma do desenvolvimento sustentável. Lavoisier

(1743 -1794) "Na Natureza nada se cria, nada se perde, tudo se transforma.", que fundamentou a primeira lei da termodinâmica; As Leis da Termodinâmica formuladas por R. Clausius em 1865, Lei da conservação da matéria e energia (baseada no ciclo de Carnot, de Nicolas Léonard Sadi Carnot em 1824), a Lei da entropia, e a terceira Lei, por Walter Nernst em 1905 segundo a qual é impossível reduzir qualquer sistema à temperatura do zero absoluto mediante um número finito de operações. Em RICKLEFS (1996) refere que Malthus em 1798 abordou o crescimento das populações de forma exponencial e que seria limitado pelo crescimento dos alimentos necessários pela sua subsistência. E, que os conhecimentos científicos da ecologia (conceituada por Ernst Haeckel em 1870) no final do século XIX que contribuiu para o entendimento das relações entre os seres vivos e o meio ambiente. Ainda, que Alfred J. Lotka em 1925 propôs um modelo para o funcionamento dos ecossistemas através da abordagem termodinâmica. E, também, Eugene P. Odum em 1953 relacionou os ecossistemas como fluxos de energia. Também, elaborou diagramas de fluxos de energia para incluir os ciclos dos elementos.

O desenvolvimento de tecnologias a partir do conhecimento científico. A energia eólica já é utilizada há mais de quatro mil anos. Em um artigo publicado no site da Discovery Channel "Tecnologia solar, o sol como o nosso fornecedor de energia" comenta que: o físico francês Alexandre Becquerel em 1839 já havia descoberto o efeito fotovoltaico (transformação da radiação solar em energia elétrica), quando os pares de carregadores elétricos são separados ao serem atingidos pela luz solar. Em 1884, o americano Charles Fritts descreveu a força eletromotora em selênio iluminado e construiu a primeira célula solar.

Entretanto, sua eficácia foi mínima. A explicação científica para o fato de que a luz pode ser transformada diretamente em eletricidade foi dada por Albert Einstein em 1905. O seu trabalho sobre a lei do "efeito fotoelétrico" de 1905 fornece a fundação dos fotovoltaicos modernos. A tecnologia do álcool etílico como combustível desde o surgimento dos veículos automotores. O álcool pode ser produzido a partir de biomassa (resíduos agrícolas e florestais). No Brasil, na década de 1970, foi desenvolvida principalmente a partir da cana de açúcar, fonte renovável de energia, como alternativa ao consumo de gasolina e diesel, derivados de petróleo – fonte de energia não renovável. Existem e estão sendo desenvolvidas várias tecnologias de reciclagem dos mais variados tipos de materiais, tecnologias de produção mais limpa nas indústrias; tecnologias na agricultura: de conservação do solo; de sistemas de produção (orgânica, agroflorestais, permacultura, etc., de controle biológico, etc.

4. AS QUESTÕES AMBIENTAIS E A EMPRESA

A nova visão de um modelo de desenvolvimento sustentável promoveu o início das discussões relativas às questões ambientais nas empresas.

A Organização Internacional de Normatização (ISO - *International Organization for Standardization*), com sede em Genebra na Suíça, elaborou os princípios da Gestão Ambiental e formulou a série ISO 14000. O referencial foi a Conferência das Nações Unidas sobre Meio Ambiente e Desenvolvimento, no Rio de Janeiro, Brasil em junho de 1.992, onde mais de 100 países concordaram sobre a necessidade de desenvolvimento de programas internacionais de gestão ambiental. O Sistema de Gestão Ambiental - EMS - *Environmental Management Systems* (que resulta na série ISO 14000) é baseado em regras voluntárias que as companhias podem adotar para melhor controle dos impactos ambientais de suas atividades na forma de políticas ambientais autodeterminadas e objetivas. Os EMS são interpretados como a estrutura organizacional, incluindo práticas, processos, recursos e responsabilidades, para implementação da gestão ambiental. A ISO 14001 tem sido desenvolvida como um padrão internacional para evitar a proliferação de diferentes EMS regionais e nacionais.

A Comissão Européia desenhou propostas de um Plano de Ecogestão e Auditoria em 1.990, e a Europa foi a primeira no mundo a possibilitar uma legislação ambiental que definiu um sistema que inclui um relatório público de informação ambiental e de auditoria ambiental. Em 1.993, a União Européia tornou efetivo o Plano de Ecogestão e Auditoria (*ECO-MANAGEMENT AND AUDIT SCHEME.-* EMAS). O Plano capacitou às companhias industriais a encontrarem, numa base voluntária, objetivos de proteção ambiental estabelecidos por elas, ainda que a concordância com estes objetivos fosse ratificada pela auditoria externa. A lógica do plano é o uso das forças de mercado para estimular melhoria contínua no desempenho ambiental dentro da indústria submetendo propostas para:

a. estabelecer e implementar políticas ambientais, programas e sistemas de gestão;

b. avaliar periodicamente, de uma forma sistemática e objetiva; o desempenho dos elementos locais;

c. prover informação ao público do desempenho ambiental.

O EMAS - Plano de Ecogestão e Auditoria ficou restrito aos países da União Européia e a comissão considerou o uso dos elementos do plano como o caminho para a melhoria do desempenho ambiental.

O Tratado de Maastricht, conhecido como Tratado da União Européia (TUE), assinado pelos países da União Européia em 7 de fevereiro de 1992 na cidade holandesa de Maastricht, tem como objetivos: promover um desenvolvimento harmonioso e equilibrado das atividades econômicas; crescimento sustentável e não inflacionário com o devido respeito ao ambiente; e para alcançar um padrão de vida e de qualidade de vida dos residentes dos Estados Membros.

Os países não têm leis e regulamentos específicos tratando da obrigatoriedade da implantação da contabilidade ambiental nas empresas, mas em vários países já existem algumas leis e regulamentos; e/ou algumas exigências e/ou já estão fazendo alguns estudos sobre o assunto, como exemplos tem-se: Canadá; França; Bulgária; Colômbia; Dinamarca (segue aos regulamentos da União Européia); Egito; Finlândia; França; Alemanha; Hungria; Índia; Irlanda; Itália (segue a UE); Japão; Marrocos; Holanda; Nova Zelândia; Polônia; Coréia; Federação Russa; África do Sul; Espanha; Suíça; Tailândia; Grã-Bretanha; Estados Unidos da América; União Européia.

As empresas, a partir do momento em que os movimentos ecológicos e de desenvolvimento sustentável sensibilizaram a população (como por exemplo: o Relatório de Brundland, a Eco-92, e os sistemas de gestão ambientais que foram criados), começaram a introduzir no seu organograma a figura do Gestor Ambiental (Gerência de Gestão Ambiental). O Gestor Ambiental com a atribuição de identificar e conhecer os fatos geradores das causas ambientais com a finalidade de poderem controlar e administrar os efeitos dos danos ambientais e do passivo ambiental. Este passivo ambiental passou a ser um importante dado econômico na negociação e/ou valorização dos ativos de uma empresa, quando de uma negociação de venda ou, também, para o acompanhamento dos gestores, acionistas, investidores, analistas financeiros, etc.. A Contabilidade Ambiental, portanto, surge como um instrumento importante de registro das informações dos fatos contábeis ambientais que contribuirão para a tomada de decisões dos diversos interessados.

Algumas empresas, principalmente, conglomerados multinacionais que já adotam políticas, diretrizes e/ou sistemas de gestão ambiental empresarial: AB VOLVO uma das maiores companhias da Suécia em fabricação de veículos de transporte (1.971; 1.989); WMI SELLBERGS AB transportadora e coletora de lixo (1.991); MCDONALD'S, rede de *fast-food* (1.993); ASTRA, indústria farmacêutica (1.965; 1.968;1.983 e 1.991); Rhone Poulenc, indústria química francesa (1.993); WMC RESOURCES LTD, empresa australiana de mineração (1.995); BRITISH PETROLEUM PLC, empresa petrolífera inglesa (1.995) e outras.

No Brasil, segundo estudo da UNCTAD da ONU em 1.995, não há legislação específica para a Contabilidade Ambiental. Entretanto os passivos relativos a danos ambientais potenciais devem ser relatados nas notas explicativas ou feitas provisões adequadas. A Comissão Brasileira de Valores Mobiliários e Câmbio tem recomendado às companhias que façam referências em seus relatórios anuais sobre as questões ambientais relevantes.

Atualmente, a Constituição Federal no capítulo que trata do meio ambiente, as legislações ambientais federais, estaduais e municipais estão sendo consideradas como referencial para que as empresas suportem as auditorias ambientais. A auditoria ambiental é o exame periódico e organizado dos aspectos técnicos e administrativos relatados para as atividades de proteção ambiental de todas as unidades produtivas de uma empresa, com os seguintes objetivos principais:

- Verificar se todas as empresas agem de acordo com as exigências do município, estado e federação para manter em dia seus registros, autorizações e licenças.

- Verificar se todas as empresas concordam com as restrições e recomendações contidas nas licenças concedidas para elas e com os estudos de proteção ao ambiente, relatando os equipamentos, procedimentos e as localizações;

- Verificar se todas as empresas estão em conformidade com as leis, regulamentos e normas para padrões de emissão e de qualidade ambiental das regiões onde estão localizadas; e as exigências para recuperar e manter a qualidade ambiental;

- Avaliar as políticas de proteção ambientais da empresa nos aspectos de:
  - procedimento para estimar, controlar e prevenir danos ambientais em todas as formas;
  - uso e conservação de todas as formas de energia;
  - uso racional, econômico e transporte de matérias primas;
  - uso racional, conservação, reciclagem e reutilização de água industrial;

- minimização, reciclagem, tratamento e disposição de resíduos sólidos, líquidos e gasosos;

- melhoria do impacto ambiental dos processos de produção;

- melhoria do impacto ambiental dos produtos;

- prevenção e redução de acidentes;

- treinamento, motivação e sensibilização do pessoal com respeito ao cuidado e proteção ao ambiente; e,

- demonstrações das políticas da empresa, procedimentos em proteção ambiental, e demonstração dos riscos involuntários para os quais as comunidades podem estar sujeitas.

O Instituto Brasileiro de Contadores – IBRACON aprovou em 1996 as normas e procedimentos de auditoria, a NPA - 11, sobre Balanço e Ecologia, onde explicita os ativos e passivos ambientais. Sugere como apresentar as demonstrações contábeis, com o objetivo de estabelecer as ligações entre a Contabilidade e o Meio Ambiente, autoincumbindo-se da participação dos esforços, juntamente com outras ciências, em favor da defesa e proteção contra a poluição e às agressões à Vida Humana e à Natureza.

A legislação contábil brasileira ainda não especificou como adotar a Contabilidade Ambiental. Verificamos o que existe são legislações ambientais que geram a necessidade de se fazê-la.

FARIA, J. J. P. (1999) diz que a situação da Contabilidade Ambiental no Brasil está ainda na fase de estudos sem uma implementação efetiva em razão das dificuldades de mensurações dos impactos ambientais causadas pelas diversas variáveis ambientais, a serem caracterizadas nos vários setores/ramos de atividades econômicas; bem como também não há uma definição dos procedimentos para os registros contábeis dos custos ambientais na contabilidade da empresa. Não há nenhuma empresa fazendo Contabilidade Ambiental. O que existe são empresas que estão implementando o Sistema de Gestão Ambiental, como a Rhodia S/A; Arafértil S/A e RIPASA. A Rhodia teve sua preocupação com o meio ambiente desde 1973 quando criou o DCSI - Departamento de Controle de Segurança Industrial e atualmente passou a ser GSIMA - Gerência de Segurança Industrial e Meio Ambiente - que tem como função assessorar e aconselhar as direções, gerências e locais, para definição e implantação das políticas e recursos; elaboração de normas e procedimentos e escolha e planejamento de ações de melhoria. Assegurar-se da tomada em conta dos aspectos relativos à higiene e meio ambiente em todas as fases de industrialização dos processos existentes e em desenvolvimento. A Arafértil criou a Gerência do Meio Ambiente em 1987, em razão do fato da empresa estar enfrentando restrições em termos de lavra e envolvimento ambiental - problema com a estância hidromineral de Araxá. Na atualidade, a Gerência de Meio Ambiente tem como função: coordenar e desenvolver a política do meio ambiente da empresa, tecnicamente aplicada e consolidada, beneficiando os trabalhadores, a empresa, e todos os segmentos da comunidade; adequar procedimentos ou diretrizes internas com as políticas de meio ambiente em vigor; integrar a empresa à comunidade, sob o aspecto ambientalista, etc. A RIPASA, a partir de 1976, começou a realizar estudos relacionados ao meio ambiente. Na atualidade ela tem a Divisão de Controle do Meio Ambiente (DCMA), abaixo da Diretoria Industrial e tem como atribuições: reduzir e controlar os efluentes gasosos, hídricos, resíduos sólidos e lençol freático; executar um trabalho contínuo de conscientização e engajamento no controle ambiental, com todos os empregados da empresa, com treinamento, etc.; criar um sistema de auditoria preventiva/corretiva nos pontos vitais de potencialidade poluidora; recuperar/reciclar, no processo, o máximo de produtos e água, que antes eram descartados; etc. A Eletronorte, segundo o Relatório de 25 anos - 1.998 - em 1.986, criou o seu Departamento do Meio Ambiente com o objetivo de minimizar os efeitos adversos de natureza sócio-ambiental, decorrentes de seus projetos. Além dessa iniciativa pioneira, foram instituídos Centros de Proteção Ambiental nas usinas de Tucuruí; Balbina e Samuel, em convênio com importantes órgãos de pesquisa. Em 1.987, assumiu perante a FUNAI o compromisso de financiar integralmente durante 25 anos os Programas Indígenas Waimiri-Atroari (AM) e Parakanã (PA). Atualmente, a empresa também desenvolve ações de proteção ambiental na Terra Indígena São Marcos (RR). Os programas indígenas surgiram de necessidades de minimizar e compensar os impactos provocados pelas obras das usinas Balbina e Tucuruí na vida das comunidades Waimiri-Atroari e Parakanã respectivamente. Tendo como princípio básico o resgate cultural desses povos, a melhoria das condições de vida e de seu relacionamento com a sociedade brasileira.

No Anuário 2008 de Análise Gestão Ambiental o presidente dessa publicação Eduardo Oinegue diz que o anuário apresenta as práticas ambientais das maiores e mais importantes empresas atuando no Brasil, as quais responderam um questionário mostrando como elas consomem os recursos naturais e como elas tratam seus resíduos e outras preocupações ambientais.

Ainda, apresenta as preocupações ambientais adotadas pelo sistema bancário. Nessa pesquisa foram contempladas as empresas com Receita Líquida acima de R$ 192 milhões e responderam ao questionário 767 empresas e 15 instituições financeiras que são responsáveis pela metade do PIB nacional. Os resultados mostram que:

- 23% das empresas já fecharam negócios para a obtenção de crédito de carbono;
- 25% mantêm voluntariamente área verde nativa sob seu domínio;
- 42% utilizam fontes renováveis de energia;
- 46% só contratam fornecedores que empregam procedimentos de gestão ambiental;
- 48% têm projetos para reduzir a emissão de gases de efeito estufa;
- 56% possuem programas de plantio de árvores;
- 62% têm metas de redução de consumo de água;
- 68% publicam suas informações sobre gestão ambiental;
- 76% monitoram com indicadores específicos o consumo de energia elétrica;
- 85% utilizam papel reciclado, porcentual composto pelos que usam pouco (49%), usam muito (14%) e usam preferencialmente (22%); e
- 98% dão treinamento sobre gestão ambiental para funcionários.

Essa pesquisa mostra que a preocupação com a dimensão ambiental evoluiu muito nos últimos dez anos, principalmente no nicho das grandes empresas. O que é muito importante. A pesquisa evidencia que o percentual de publicação das informações sobre gestão ambiental é significativa

(68%). Mas, onde as informações são publicadas (37% no Relatório Anual, 29% no Balanço Social, 19,6% no Balanço Socioambiental e 49,8% no site da empresa, entre outros) mostram que está muito aquém de nosso entendimento. O nosso entendimento é que no momento em que houver uma harmonização entre a economia ambiental e a contabilidade ambiental para mensuração e os registros contábeis dos custos, ativos e passivos ambientais poder-se-á atingir o nível de 100%, após a instituição de um marco regulatório sobre a forma de mensuração e contabilização.

Dos resultados apresentados na pesquisa do Anuário 2008, referente aos bancos, destaco as políticas para a concessão de crédito que é um fator indutor da inserção da dimensão ambiental nas empresas e, consequentemente, da necessidade dos seus registros contábeis para melhor evidenciar a situação financeira real e possibilitar o acesso ao crédito no sistema financeiro. Para o banco a contabilidade ambiental possibilitará minimizar os riscos na concessão do crédito. Os 15 bancos pesquisados, 11 têm política socioambiental e a aplicam em: financiamentos de projetos; administração de recursos de terceiros; mercado de capitais; financiamentos de agronegócios; seguros; fusões e aquisições e outras. Os procedimentos que adotam na análise do risco socioambiental para crédito: lista de exclusão; lista de restrições; categorização de riscos socioambientais; avaliação de risco socioambiental do empreendimento por consultores especializados; visitas de campo; consulta pública – comunidades afetadas e outros.

No Estado de Mato Grosso, segundo FARIA, J. J. P. (1999), algumas empresas já estão implementando o Sistema de Gestão Ambiental como, por exemplo, o grupo Rede/Cemat. O grupo elaborou uma Declaração de Princípios, que constitui em dez princípios básicos. Para cada princípio fixou diretrizes com o objetivo de orientar o corpo técnico da empresa no trato das questões sócio-ambientais; de divulgar ao público os planos, projetos e programas a serem implantados conduzindo à missão da CEMAT, com a preservação ambiental estampada na oferta do produto. A C.R.B.S. - Filial Cuiabana (atual AmBev), já dispõe de um corpo técnico que compõe o Sistema de Gestão Ambiental nos moldes do EMS (ISO 14001). Suas atribuições envolvem a mitigação e controle dos efluentes gasosos, hídricos, sólidos; a execução de um trabalho de controle ambiental; de higiene e segurança do trabalho; a conscientização e treinamento dos empregados da empresa. A partir de 1999 inseriu na Contabilidade a Conta de Recursos Naturais.

A adoção do paradigma do desenvolvimento sustentável faz com que haja necessidade de se registrar a valoração dos recursos naturais e do uso do meio ambiente com seus impactos ambientais e perdas dos recursos ambientais que não são computados nos custos de produção e/ou consumo. Na realidade não são registrados os fatos geradores na contabilidade, instrumento para o registro das informações e que dá legitimidade fiscal e reconhecimento financeiro. Portanto, a necessidade da aplicabilidade da Contabilidade Ambiental é uma conseqüência natural, pois na verdade, com a não incorporação dos custos ambientais nos custos dos bens e serviços produzidos, se está subsidiando as matérias primas e insumos aos agentes econômicos responsáveis pela agregação de valor e verticalização da economia. Há uma transferência de renda para os setores de consumo intermediário e final tanto do mercado interno como do mercado externo. Outro ponto importante nesta observação é que as externalidades estão sendo pagas pela sociedade, enquanto que todos que participam das cadeias produtivas referentes às matérias primas e insumos utilizados não estão pagando.

Quanto às metodologias para a mensuração e determinação das variáveis ambientais, variáveis econômicas ambientais, dos indicadores de padrões ambientais de utilização e dos fatores impactantes não há ainda um consenso no meio científico. Este consenso é difícil devido à natureza de complexidade intrínseca da questão ambiental e da sua interrelação com a economia. Este é o grande problema do porque as empresas não registram os custos ambientais na sua contabilidade. As empresas não registram os custos ambientais na sua contabilidade devido à dificuldade existente no diagnóstico ambiental; na definição e/ou conceituação das variáveis ambientais, das variáveis econômicas ambientais; na determinação dos métodos de mensuração destas variáveis; e dos procedimentos de como realizar os registros dos fatos contábeis ambientais e de uma definição de um plano de contas ambientais.

Percebe-se que o tratamento das questões ambientais nas empresas está voltado praticamente para a criação de marcos regulatórios para as diretrizes, políticas e gestão ambiental de uma maneira mais macro. Há a necessidade do tratamento dessas questões numa abordagem mais micro, mais para dentro da empresa. Essa nova abordagem micro permite verificar que as questões ambientais estão diretamente ligadas às atividades econômicas empresariais agrosilvopastoris, industriais e comerciais, pois toda atividade econômica desenvolvida pelo homem gera impactos ao meio ambiente. Os impactos ambientais macros são a poluição do ar, a poluição do solo e das águas.

A poluição pode ser entendida do ponto de vista da economia como uma externalidade negativa (OLIVEIRA, R.G. 2005). Este autor comenta sobre a definição sobre o direito da poluição o que possibilitaria as negociações entre as duas partes levando ao nível ótimo de emissão de poluição. Esse resultado ficou conhecido como Teorema de Coase: os direitos de emissão de externalidades são adequadamente definidos e não há custos de transação entre as partes (a livre negociação entre as mesmas deve levar ao nível ótimo de emissão dessas externalidades). O Teorema de Coase, envolvendo poluição, pode ser resolvido desde que haja definição clara a quem pertence o direito sobre a emissão de poluição. A aplicabilidade deste teorema é praticamente impossível, devido à poluição, na maioria dos casos, ter um caráter de bem público (que pode ser caracterizado pelo fato de seu consumo por parte de uma pessoa ou empresa não reduzir a quantidade disponível para outras – pessoas ou empresas). Ainda, OLIVEIRA, R. G. (2005), argumenta que no caso do usofruto de um bem público, há necessidade de cooperação entre as empresas para eliminação de ineficiências geradas pela poluição. O comportamento das empresas que deixam de colaborar é conhecido como comportamento *free-rider* (pessoa que usufrui o bem público sem pagar por ele). Também, no que se refere à situação de quando a livre negociação entre as partes não é capaz de garantir que o nível de emissão de poluentes seja eficiente, a intervenção pública contra a poluição pode ser realizada através de regulamentação ou pelo estabelecimento de uma taxa sobre emissão de poluentes. Essa taxa ficou conhecida como taxa pigouviana em homenagem ao economista A. Pigou, que primeiro a sugeriu. A taxa é aplicada sobre a unidade de poluição emitida que deve ser igualada ao custo marginal social dessa poluição no nível ótimo de emissão.

OLIVEIRA, R.G. (2005) menciona que um dos instrumentos de política econômica que começa a ser aplicado no controle da poluição são as chamadas permissões negociáveis para poluir. As permissões negociáveis são um sistema em que o governo estabelece um limite máximo para a emissão de poluição e o divide entre as empresas poluidoras por meio de permissões para poluir, que podem vender as suas cotas, caso estejam abaixo do limite permitido. Outra questão trata do problema dos bens comuns que ocorre devido ao abuso do recurso pelo fato de ninguém ter a sua posse e, portanto, o interesse em preservá-lo.

Porque o homem desenvolve atividades econômicas? A resposta é muito simples. O homem tem necessidades para sua sobrevivência. Segundo CHIAVENATO (1993) diz que a Teoria das Relações Humanas constatou a existência de certas necessidades humanas fundamentais, das quais mencionamos as necessidades fisiológicas que são as necessidades vitais ou vegetativas, relacionadas com a sobrevivência do indivíduo, e as principais são: alimentação, sono, atividade física, satisfação sexual, abrigo e proteção contra os elementos e de segurança física contra os perigos. Acrescentamos as necessidades de saúde, lazer e cultura. Então, as atividades econômicas ocorrem em função da demanda das necessidades humanas. Há uma imperiosa ação de se procurar o consumo pela população.

Na metade do século passado, em especial no Brasil, houve uma mudança de comportamento do homem e de seus valores que provocaram um êxodo rural para os centros urbanos. Este processo de urbanização no início foi paulatino e nas últimas décadas do século passado e nesse século foi acelerado de uma forma tal que causou o aumento exponencial dos impactos negativos ao meio ambiente. Houve demanda por serviços de infraestrutura dos meios de transporte, de saneamento e esgoto das cidades, de comunicação, de energia e outros serviços. Concomitantemente, houve um aumento no consumo de alimentos, principalmente de produtos industrializados. Surgindo o processo de desenvolvimento industrial para a produção diversificada de tipos de produtos, que variam muito em sua forma de apresentação para influenciar no interesse dos consumidores. Este processo despertou a reação de pesquisadores, do meio acadêmico, de organizações não governamentais ambientalistas, de órgãos de governo, de políticos e de organizações não governamentais representantes do setor produtivo para que a dimensão ambiental fosse discutida e adotada nas atividades econômicas. Mas, computamos à mudança comportamental e de valores do consumidor, um dos pontos cruciais para este processo de desenvolvimento econômico causador da depleção dos recursos naturais existentes. Essa mudança de comportamento pode ser caracterizada pela preocupação excessiva com a qualidade de produtos (na realidade a preocupação é mais com a aparência do que com qualidade - O entendimento é: se é bem apresentável é de boa qualidade); e pelo sistema de compras que mudou do tradicional (mercearias e armazéns) pela compra de alimentos em supermercados, e pela compra de mercadorias e serviços em grandes lojas de departamentos.

A mudança de valores traz o conceito de que: viver nas cidades é ser moderno, é ser inteligente, é ser educado. Viver na zona rural é ser caipira, ser ignorante, ser pobre (salários baixos, baixa renda do pequeno produtor) – uma visão estereotipada baseada, ainda na época do colonialismo, no caso do Brasil. Comer arroz, feijão (é comida de pobre), consumir gordura suína (porco), e beber leite tirado direto da vaca, causa doença. Carne de porco, gordura de porco e manteiga fazem mal à saúde. O que faz bem é consumir gordura vegetal, óleo vegetal e margarinas. Esta mudança radical teve a contribuição dos formadores de opinião e das normas legais emitidas pelo poder legislativo, sancionadas pelo poder executivo. Como conseqüência, essas mudanças geraram demandas por indústrias de laticínios, indústrias de óleos vegetais, indústrias de carnes, etc. (não necessariamente situadas localmente e regionalmente); de serviços e outras demandas. Houve, então, grande aumento de áreas destinadas à agricultura, pecuária e silvicultura, gerando a necessidade de ocupação de novas fronteiras agrícolas. As empresas em função dessas mudanças comportamentais e de valores dos consumidores, das questões ambientais e exigências legais, tiveram e continuam tendo que se adaptar à nova realidade e mudar o sistema de gestão. Assim, as empresas estão sendo obrigadas, até mesmo pela sua necessidade de sobrevivência no mercado altamente competitivo e exigente, a adotarem a gestão ambiental. Neste foco, a implantação de uma gestão ambiental é imperativa.

Para a minimização dos impactos negativos ao meio ambiente causados pelas empresas, a administração pública tem instituído instrumentos de comando e controle que muitas vezes impõem punições insustentáveis, multas incomensuráveis, extrapolando a razoabilidade. Isto leva as empresas a participarem mais aguerridamente no processo das discussões e reivindicações.

MATTAR, J. (2004) afirma que as empresas teriam responsabilidade social para com as comunidades e nações em que estão inseridas, com o meio ambiente, com seus clientes, com seus distribuidores, seus fornecedores, seus empregados e até mesmo com seus concorrentes. E expande a noção de responsabilidade corporativa ao considerar que as organizações não são só responsáveis por proteger somente seus acionistas, mas também os interesses de todos que com elas interagem e por elas sejam afetados.

As empresas desejam que as questões ambientais não sejam geradoras de insegurança nos seus negócios e na sua sobrevivência. Querem que haja um sistema em que a subjetividade e intangibilidade das questões ambientais sejam trazidas para a objetividade, a racionalidade. A economia e a contabilidade ambientais surgem respectivamente como instrumentos que permitem a valoração dos recursos ambientais e o registro dos fatos geradores de poluição ao meio ambiente. Mas, há a necessidade da criação de um método de avaliação dos custos, ativos e passivos ambientais da empresa, para que a objetividade e a racionalidade sejam atingidas. A ratificação da objetividade e racionalidade propostas pode ser constatada através do posicionamento de FERREIRA, A. C. S. (2003) quando enfatiza que os custos do meio ambiente devem ser contemplados no processo produtivo, que os ambientalistas consideram como Princípio do Poluidor Pagador. A autora comenta que quando se propõe que os custos de poluição sejam incorporados nos preços dos produtos, estes resultam preços maiores, consequentemente menos vendas e menos lucro das empresas.

A questão da internalização dos custos ambientais nos custos dos bens e serviços produzidos deverá ter como princípio o da concorrência ambiental. O princípio consistirá no fato das empresas que internalizarem os custos ambientais deverão obter custos dos bens e serviços produzidos menores e, consequentemente, serão mais competitivas em relação às que não façam essa internalização.

5. A ECONOMIA AMBIENTAL

COSTANZA, R. (1994) afirma que a economia ecológica é uma nova abordagem transdisciplinar que abrange os inter-relacionamentos entre o sistema econômico e ecológico. Faz uma observação sobre a existência de uma consciência crescente a respeito dos modelos, conceitos econômicos e ecológicos tradicionais relativos a não suficiência no tratamento dos problemas ambientais. Mostra que a economia ecológica difere da economia convencional e da ecologia convencional em termos da amplitude de percepção do problema e da importância atribuída à interação meio ambiente e economia. A economia ecológica tem como domínio a totalidade da rede de interações entre o setor econômico e ecológico. Este domínio compreende os domínios: da economia convencional (de setores econômicos para setores econômicos), as interações dos setores econômicos entre si. Da ecologia convencional, as interações dos ecossistemas e seus componentes com os demais. Da economia dos recursos naturais e da análise dos impactos ambientais (os insumos dos setores ecológicos para os setores econômicos), o uso pela economia dos recursos naturais renováveis e não renováveis. Da economia ambiental e análise de impactos ambientais (a poluição e sua mitigação, prevenção e mediação), o uso pelos setores ecológicos de produtos econômicos, estes produtos geralmente são subprodutos indesejados pela produção e os rejeitos do consumo.

ALIER, J. M. e JUSMET, J. R. (2000) comentam que a economia ecológica vê o planeta Terra como um sistema aberto à entrada de energia solar. A economia necessita de entradas de energia e materiais, e produz dois tipos de resíduos: o calor dissipado ou energia degradada (segunda lei da Termodinâmica) e os resíduos materiais, que mediante a reciclagem podem voltar a serem parcialmente utilizados. Parte da reciclagem se dá no mercado, e outra parte mais volumosa se recicla naturalmente, sem intervenção humana, mediante os ciclos naturais que convertem "resíduos" em "recursos". Outros resíduos (metais pesados ou resíduos radiativos) serão tóxicos por muito tempo, sem possibilidade de reciclagem e reutilização satisfatória. A natureza faz um papel de sumidora de recursos e de receptora de resíduos. Também, a natureza proporciona diretamente serviços de desfrute das paisagens, de proteção à vida e à biodiversidade (como a camada de ozônio). Todos são serviços que a natureza presta à economia humana e não estão valorados na economia neoclássica. Então, a economia ecológica compreende a economia neoclássica ambiental e transcende ao incluir a avaliação física dos impactos ambientais na economia humana.

Paul Ehrlich em 1994 *apud* BEGOSSI, A. (1996) enfatiza que a economia ecológica deve adaptar a teoria de alocação de recursos para relacionar as entradas e as saídas físicas e biológicas ao sistema econômico; incorporar o valor dos serviços provenientes do funcionamento dos ecossistemas aos cálculos econômicos; incluir os conceitos de equidade e energia em indicadores de eficiência econômica; e incluir os fatores ambientais na contabilidade nacional.

ROMEIRO, A. R. (2010) comenta que a Economia Ecológica considera o sistema econômico como um subsistema de um todo maior que o contém, impondo uma restrição absoluta à sua expansão. Capital e recursos naturais são complementares. A sustentabilidade do sistema econômico, a longo prazo, não é possível sem a estabilização dos níveis de consumo per capita em função da capacidade de carga do planeta. Há limites dos recursos naturais. O progresso científico e tecnológico é visto como fundamental para aumentar a eficiência na utilização dos recursos naturais, mas não é capaz de superar o limite das suas disponibilidades.

Ainda, ROMEIRO, A. R. (2010), diz que a Economia Ambiental considera que os recursos naturais (como fonte de insumos e como capacidade de assimilação de impactos dos ecossistemas) não representam um limite absoluto à expansão da economia, a longo prazo. Há uma restrição relativa, a qual é superável indefinidamente pelo progresso científico e tecnológico.

SOUZA, R. F. P. (2008) afirma que de acordo com os fundamentos da Economia Ambiental, os recursos naturais não são finitos, o que faz com que não existam maiores preocupações acerca da impossibilidade de manutenção do ritmo das atividades produtivas. E complementa que a principal discussão proposta pela Economia Ambiental se refere ao desenvolvimento de mecanismos que objetivem a alocação eficiente dos recursos naturais. Para tal corrente teórica, os mecanismos de mercado podem ser aplicados com vistas à determinação de alocações eficientes dos recursos naturais. Apesar de não existirem mercados para tais ativos, busca-se, através de métodos que têm como base a economia neoclássica, "construir" mercados hipotéticos para tais recursos, possibilitando assim, a determinação da "alocação ótima" dos mesmos.

Esta autora ressalta que a Economia Ecológica parte do princípio de que, além de alocar de forma eficiente os recursos, conforme defendido pela Economia Ambiental, um sistema econômico deveria tratar da distribuição justa e da escala de utilização desses recursos. A mesma reconhece a importância da existência dos mercados, mas não lhe atribui à capacidade de refletir todos os desejos da sociedade. Defende também a idéia de que a não regulação dos mercados seria inadequada para a alocação de bens e serviços providos da natureza. Uma das grandes inovações da Economia Ecológica é a proposição de que a economia é um subsistema que faz parte de um ecossistema natural global fechado e que há ocorrência de trocas de materiais e energia entre o subsistema e o sistema global (que geram efeitos sobre ambos os componentes do sistema). A caracterização da economia como um subsistema aberto – onde ocorrem trocas de materiais e energia entre o subsistema e o sistema global - que faz parte de um ecossistema natural global fechado, o que refuta a idéia da economia convencional de que a economia seria o todo e a natureza apenas uma parte dele. Quando se dá esse passo, evidencia-se que qualquer decisão de utilização dos recursos por esse subsistema acarreta em perda para outra parte do sistema, ou seja, incorre-se em custos de oportunidade. Assim, o processo decisório quanto à utilização ou não dos recursos naturais se torna mais complexa, já que a utilização para um fim pode impedir o uso futuro para outros fins.

No sentido do desenvolvimento de uma nova base conceitual para a Economia Ambiental, além do entendimento das duas correntes ideológicas sobre a Economia Ambiental e Economia Ecológica, é importante destacarmos alguns conceitos relativos ao meio ambiente para melhor compreendermos a inserção da dimensão ambiental na Economia.

COMUNE (1994) conceitua que Ecologia é a ciência das condições de existência do ser vivo no seu meio. Ecossistema é o sistema formado pelo conjunto das populações que ocupam um dado território e pelos elementos abióticos a ele ligados. DAGET e GODRON et all em 1974, citado por (COMUNE,1994) conceituaram a Biosfera, que compreende todos os ecossistemas que estão interligados, ou seja, inclui todos os meios ambientes e organismos na superfície da Terra. A importância do movimento de matéria entre os ecossistemas dentro da biosfera é realçada pelas consequências globais das atividades humanas. RICKLEFS, R. (1996). Meio Ambiente é a interação do conjunto de elementos naturais, artificiais e culturais que propiciem o desenvolvimento equilibrado da vida em todas as suas formas (SILVA, J. A., 1995). Meio Ambiente é o conjunto de condições, leis, influências e interações de ordem física, química e biológica, que permite, abriga e rege a vida em todas as suas formas (Política Nacional do Meio Ambiente, 1981). Degradação da Qualidade Ambiental é a alteração adversa das características do meio ambiente (Política Nacional do Meio Ambiente, 1981). Impacto Ambiental, qualquer alteração das propriedades físicas, químicas e biológicas do meio ambiente, causada por qualquer forma de matéria ou energia resultante das atividades humanas que, direta ou indiretamente, afetam: a saúde, a segurança e o bem estar da população; as atividades sociais e econômicas; a biota; as condições estéticas e sanitárias do meio ambiente; a qualidade dos recursos ambientais (Resolução CONAMA, nº 001, de 23 de janeiro de 1986). Poluição, a degradação da qualidade ambiental resultante de atividade que direta ou indiretamente: a) prejudiquem a saúde, a segurança e o bem estar da população; b) criem condições adversas às atividades sociais econômicas; c) afetem desfavoravelmente a biota; d) afetem as condições estéticas ou sanitárias do meio ambiente; e) lancem matérias ou energia em desacordo com os padrões ambientais estabelecidos (Política Nacional do Meio Ambiente, 1981). Recursos Ambientais são: a atmosfera, as águas interiores, superficiais e subterrâneas, os estuários, o mar territorial, o solo, o subsolo, os elementos da biosfera, a fauna e a flora (Política Nacional do Meio Ambiente, 1981).

Algumas obrigações constitucionais que devem ser obedecidas no desenvolvimento de atividades econômicas relativas ao meio ambiente, que são importantes considerar no desenvolvimento da proposta metodológica. O princípio geral da atividade econômica referente à defesa do meio ambiente, inclusive mediante tratamento diferenciado conforme o impacto ambiental dos produtos e serviços e de seus processos de elaboração e prestação (CONSTITUIÇÃO FEDERAL, 1988, inciso VI do artigo 170). Para assegurar a efetividade do direito que todos têm ao meio ambiente ecologicamente equilibrado, bem de uso comum do povo e essencial à sadia qualidade de vida, impondo-se ao poder público e à coletividade o dever de defendê-lo e preservá-lo para as gerações presentes e futuras, incumbe ao poder público, entre outras: controlar a produção, a comercialização e o emprego de técnicas, métodos e substâncias que comportem risco para a vida, a qualidade de vida e o meio ambiente (CONSTITUIÇÃO FEDERAL, 1988, artigo 225 e inciso V do artigo 225).

Para que haja a possibilidade do desenvolvimento de uma proposta de internalização dos custos ambientais nos custos dos bens e serviços produzidos há necessidade de uma harmonização do conceito de Economia Ambiental. Ao analisarmos os conceitos de Economia Ecológica, Economia Ambiental, de Economia e de outros conceitos sobre os aspectos ambientais e o meio ambiente, além das obrigações constitucionais relativas ao meio ambiente, pode-se fazer a seguinte proposição para a função da produção:

A produção é função do capital; trabalho; recursos naturais (como fonte de matérias primas e insumos), que também é um recurso ambiental, do meio ambiente (além de ser fonte de matérias primas e insumos é fornecedor das diversas fontes de energia – solar, eólica, hidráulica, potencial, elétrica, química – de paisagem, lazer, sumidora e receptora de resíduos sólidos, líquidos e gasosos). Então temos: $Y = f(K, L, RA)$, onde K = capital, L = trabalho, RA = recursos ambientais renováveis e não renováveis. Desta forma entendemos que estamos harmonizando os conceitos e os inter-relacionando, ou melhor, os integrando. Este modelo de função de produção é a base conceitual da Economia Ambiental que servirá como fundamento para o desenvolvimento de uma proposta para a internalização dos custos ambientais nos custos dos bens e serviços produzidos. Esta base conceitual permite entender a Economia Ambiental como um sistema econômico-ambiental holístico que integra os conhecimentos da economia e os conhecimentos do meio ambiente na análise interativa do capital, trabalho, recursos ambientais no processo de produção, considerando o principio da conservação da energia.

6. A CONTABILIDADE AMBIENTAL

FARIA, J. J. P. (1999) comenta que a Contabilidade Ambiental é uma parte da Contabilidade que vem sendo amplamente discutida nos anos recentes em virtude de sua grande importância para as empresas, a economia mundial e, principalmente, para o meio ambiente e o homem, a sua sobrevivência e a do próprio Planeta Terra. Alguns tópicos que evidenciam essa importância da Contabilidade Ambiental:

- Visualização real dos problemas ambientais;
- Incorporação dos custos ambientais ao produto;
- Maior valorização dos produtos com responsabilidade ambiental no mercado;
- Maior participação destes produtos no mercado nacional e internacional, os quais crescem a taxas superiores às do sistema convencional (sem a adoção de Sistema de Gestão Ambiental);
- Desenvolvimento de tecnologias de controle ambiental mitigadoras dos impactos ambientais negativos (evidenciação da viabilidade econômica) que implicará até em redução de custos de produção;
- Gerenciamento melhor do Sistema de Gestão Ambiental;
- Certificados Ambientais;
- Não pagamento de multas, indenizações, etc. por descumprimento das legislações ambientais;

- Geração de indicadores e parâmetros para a avaliação das políticas econômicas e ambientais da empresa;
- O Valor do Passivo Ambiental tem sido questionado com freqüência e sua evidencia é exigida por uma quantidade cada vez maior de usuários. Entre estes: aqueles envolvidos em processos de compra e venda de empresas, de fusão, de cisão, incorporação e, ainda, nos processos de privatizações para fins de determinação do real valor econômico da empresa;
- As Instituições Financeiras estão atentas ao Passivo Ambiental das empresas e, em alguns países, têm evitado a concessão de empréstimos àquelas que apresentem qualquer risco potencial ao meio ambiente. No Brasil o BNDES já está priorizando a exigência de informações sobre os danos ao meio ambiente, que as atividades da empresa podem causar;
- Outras instituições financeiras, como, por exemplo, o Banco do Brasil S/A está exigindo a comprovação da legalidade ambiental das propriedades rurais para a concessão de empréstimos;
- As Auditorias já se interessam em informações sobre os riscos ambientais da empresa, pois os valores destes podem até comprometer a continuidade da mesma.

RIBEIRO, M. S. e MARTINS, E. (1998) afirmam que a Contabilidade Ambiental deve evidenciar o valor econômico-financeiro dos eventos e transações relacionadas ao meio ambiente, que podem refletir ações da empresa sobre o meio ambiente ou vice-versa.

FERREIRA, A. C. S. (2003) diz que a Contabilidade Ambiental deve oferecer informações adequadas às características de uma gestão ambiental.

Frisa que o conjunto de informações deve relatar, em termos econômicos, as ações de uma entidade que modifiquem o seu patrimônio. A autora, também, mostra os vários aspectos da Contabilidade Ambiental:

- A Auditoria Ambiental avalia determinados procedimentos relativos ao meio ambiente e a riscos inerentes às ações das empresas sobre o patrimônio;
- A Contabilidade Financeira Ambiental informa os ativos e passivos ambientais ao público externo;
- A Contabilidade de Custos ou Contabilidade Gerencial Ambiental deve mensurar e informar adequadamente aos gestores do meio ambiente.

GONÇALVES, S. S. e HELIODORA, P. A. A. (2005) sobre a Contabilidade Ambiental fazem o seguinte comentário: em Portugal a Diretriz Contabilística n.º 29 – Matérias Ambientais (aprovada em 2002 pela Comissão de Normalização Contabilística, como resultado de uma Recomendação da Comissão da União Européia de 30 de maio de 2001), não é uma transposição das Normas Internacionais de Contabilidade/Normas Internacionais de Relato Financeiro (NIC/NIRF). Uma vez que, por enquanto, não existe nenhuma Norma Internacional de Contabilidade sobre esta temática, presume-se que tal não virá a acontecer dada a existência de múltiplos interesses. É importante salientar que a DC 29 não vincula de forma obrigatória as empresas portuguesas. A DC 29 estabelece as regras de reconhecimento, de valorimetria e de prestação de informações sobre questões ambientais nos Relatórios e Contas anuais.

No Brasil, o IBRACON (1996) na NPA – 11 procurou estabelecer normas e procedimentos interligando a Contabilidade ao Meio Ambiente, mas ainda não caracterizou como Contabilidade Ambiental, mas dá a entender que a contabilidade deve registrar os fatos contábeis referentes aos efeitos da poluição ambiental geradas pelas atividades das empresas. A empresa deve demonstrar contabilmente os seus ativos e passivos ambientais e divulgar um Ecobalanço, e elaborar uma Nota Explicativa sobre a sua situação ambiental.

Para dar subsídios ao nosso estudo, citaremos alguns conceitos predominantes existentes de contabilidade ambiental, custos, passivos e ativos ambientais.

6.1. CONCEITOS PREDOMINANTES EXISTENTES

6.1.1. Contabilidade Ambiental

Um dos conceitos de Contabilidade Ambiental é apresentado no Manual de Orientação para o Relatório Financeiro e Contábil dos Custos e Passivos Ambientais (UNCTAD-ONU, 1997), onde se entende que a contabilidade financeira ambiental registra e relata contabilmente as transações e eventos ambientais que afetam, ou provavelmente afetarão a posição financeira da empresa. Um dos desafios é assegurar que: os custos e os passivos ambientais estejam contabilizados por normas contábeis usuais ou, em suas ausências, por práticas contábeis geralmente aceitas; e que seja evidenciado nas Notas Explicativas o desempenho ambiental da empresa. E, ainda, assegurar que o gerenciamento dos procedimentos contábeis seja, quando necessário, desenvolvido e utilizado, por exemplo, para os controles dos custos das externalidades geradas pela poluição, para comparar materiais alternativos que possam ser utilizados no processo industrial, e na pesquisa de alternativas de reciclagem.

Contabilidade Ambiental refere-se a um conjunto de informações que relatem adequadamente, em termos econômicos, as ações de uma entidade que modifiquem seu patrimônio. FERREIRA, A. C. S. (2003). Ainda, essa autora, considera que a Contabilidade Financeira Ambiental, voltada para atender às necessidades do usuário (do cliente externo), resulta da organização das informações de modo que sejam atendidos os Princípios Contábeis. Essas informações devem estar inseridas nos registros contábeis da organização, com a devida evidenciação.

FARIA, J. J. P. (1999) conceituou a Contabilidade Ambiental como um sistema de informações da empresa e evidencia os danos e riscos ao meio ambiente e a terceiros que suas atividades podem provocar, bem como, as medidas de controle ambiental adotadas para evitá-las, corrigi-las ou saná-las; e, também, o cumprimento das legislações ambientais. Ela tem como princípio o do Desenvolvimento Sustentável, no que concerne ao atendimento do preceito de que o desenvolvimento deve satisfazer às necessidades de bem estar social das gerações presentes, sem comprometer às das gerações futuras. Este comprometimento maior é referente aos efluentes gerados nos processos de produção das empresas e ao fato da exaustão dos recursos naturais.

GONÇALVES, S. S. e HELIODORA, P. A. A. (2005) conceituam a Contabilidade Ambiental como a Contabilidade dos benefícios e prejuízos que o desenvolvimento de um produto pode originar no meio ambiente. É um conjunto de ações pensadas com vista ao desenvolvimento de um projeto, tendo em conta a preservação do meio ambiente. A Contabilidade Ambiental tem produzido os seguintes efeitos no:

a) nível macroeconômico – utilizada para a expansão e reorientação das Contas Nacionais ao nível do crescimento e desenvolvimento de um país;

b) nível microeconômico – aplicação quer como componente da Contabilidade Financeira quer como ferramenta de gestão empresarial;

c) nível interno da empresa – contabilização de custos e proveitos decorrentes da atividade da empresa, ou seja, a avaliação dos impactos ambientais da atividade da empresa.

6.1.2. Custos Ambientais

TIETENBERG, T. H. (1994) entende que o princípio do custo integral (*full cost*), onde todos os usuários de recursos ambientais deveriam pagar seu custo inteiro. Explica que a maior parte dos recursos ambientais é mal avaliada, por ignorância de seu custo verdadeiro ou por incentivos inadequados nos processos de decisão responsáveis pela determinação do valor do recurso. Para implementar o princípio, um passo seria a inclusão de custos ambientais na contabilidade da renda nacional e nas avaliações de projetos de investimento por parte do governo.

Os custos ambientais, discutidos por MARGULIS (1996), podem ser dados pelos custos externos (custos de degradação por efeito da poluição) e internos (custos de controle para mitigar a geração de poluição ambiental) à empresa. Comenta que a medição destes é dificílima e subjetiva. Os custos transacionais quase nunca são medidos ou incorporados. Alguns sistemas de controle são política ou institucionalmente insustentáveis. A própria determinação, dos efeitos ambientais, físicos e sociais, é de difícil previsão. Ainda, conclui que a economia trata a questão ambiental em sua abordagem microeconômica. Na abordagem macroeconômica, as especificidades dos ecossistemas ficam descaracterizadas e está convencido de que políticas globais tendem a ser ineficientes. E pondera que apenas diretrizes globais, subordinadas aos conceitos de desenvolvimento sustentado, de crescimento econômico, de fortalecimento institucional, de distribuição de renda e de conservação ambiental, é que devem servir de linha-mestra para efeito de planejamento econômico.

A Comissão de Normalização Contabilística – CNC publicou a Diretriz Contabilística nº 29 (2002) que definiu os custos ambientais, os quais devem incluir os custos das medidas tomadas por uma entidade ou, em seu nome, por outras entidades, para evitar, reduzir ou reparar danos de caráter ambiental decorrente de suas atividades. Estes custos incluem, entre outros, a eliminação de resíduos ou as iniciativas destinadas a evitar a sua formação, a proteção dos solos e das águas superficiais e subterrâneas, a preservação do ar puro e das condições climáticas, a redução do ruído e a proteção da biodiversidade e da paisagem. Não são incluídos os custos tais como as multas ou outras penalidades pelo não cumprimento da regulamentação ambiental, bem como as indenizações a terceiros em consequência de perdas ou danos provocados pela poluição ambiental no passado. A razão é porque estes custos não evitam, reduzem ou reparam danos ambientais. Estes tipos de custos devem ser divulgados no anexo "Informações sobre Matérias Ambientais".

Segundo GONÇALVES, S. S. e HELIODORA, P. A. A. (2005) os custos ambientais são os custos externos e internos relacionados com a defesa ambiental nos quais estão incluídos os custos de prevenção, planejamento, controle, etc.

O GTP DA ONU (2001) contextualiza que, numa perspectiva macroeconômica, o preço das matérias primas escassas, da poluição e da deposição não refletem o seu verdadeiro valor e os seus custos para a sociedade. Os riscos para a saúde, a remediação dos locais contaminados, etc., são custos ambientais usualmente não suportados pelo poluidor, mas pelo público em geral. Os custos ambientais compreendem tanto os custos externos como internos e referem-se a todos os custos relacionados com a salvaguarda e degradações ambientais. Os custos da salvaguarda ambiental incluem os custos de prevenção, deposição, planejamento, controle, alterações e reparação de lesões ambientais e da saúde humana relacionados com empresas, governos ou pessoas (VDI - Associação Alemã de Técnicos, em conjunto com representantes da indústria alemã elaborou um documento guia sobre a definição dos custos de salvaguarda ambiental e outros termos da prevenção da poluição, em 2000). Este documento só trata dos custos ambientais da empresa. Os custos externos resultantes da atividade da empresa não internalizados através da regulamentação e preços, não são considerados. É papel do governo aplicar instrumentos políticos tais como eco-taxas e regulamentação de controle de emissões e de resíduos de forma a reforçar o princípio do poluidor-pagador, e a integrar assim os custos externos nos cálculos da empresa. O que são então os custos ambientais da empresa? O que primeiro vem à mente são os custos relacionados com o tratamento dos locais contaminados, com as tecnologias do controle dos efluentes e com a deposição dos resíduos. As medidas de salvaguarda ambiental compreendem todas as atividades adotadas para satisfazer a conformidade regulamentar, compromissos próprios ou voluntários. Os resultados econômicos não são critério, sendo antes o efeito na prevenção ou redução do impacto ambiental (VDI 2000). As despesas de salvaguarda ambiental da empresa incluem todas as despesas em medidas de proteção ambiental de uma empresa ou sob sua responsabilidade para prevenir, reduzir, controlar e documentar os aspectos ambientais, impactos e riscos, assim como a deposição final, tratamento, saneamento e despesas em descontaminação. A quantidade de despesa em proteção ambiental da empresa não está diretamente relacionada com o seu desempenho ambiental (VDI 2000).

Ainda, o GTP da ONU informa que no cálculo interno dos custos ambientais da empresa, as despesas para salvaguarda ambiental são apenas uma das faces da mesma moeda. O custo da produção de emissões e resíduos inclui muito mais do que a respectiva prevenção ou das estações de tratamento. De fato, o conceito de "resíduo" tem um duplo significado. O resíduo é constituído por materiais que foram comprados e pagos, mas que não se transformaram num produto comercializável. É, portanto um indicador da ineficiência da produção. Assim, os custos dos materiais desperdiçados, do capital e do trabalho devem ser somados para se obter o custo ambiental total da empresa e uma base segura para cálculos posteriores e tomada de decisões. Neste contexto, o resíduo é utilizado como designação geral para resíduos sólidos, águas residuais e emissões gasosas, compreendendo assim todas as saídas da empresa que não são produto (output não-produto). Os materiais incluem também água e energia. Custos de salvaguarda ambiental (Tratamento e Prevenção) compreendem os custos dos materiais desperdiçados e os custos das perdas de capital e trabalho, que são os custos ambientais totais da empresa. Uma apreciação de projetos de várias empresas revelou que os custos da gestão dos resíduos produzidos se situam, tipicamente, entre 1 e 10 por cento dos custos ambientais totais, enquanto que os custos de compra dos materiais desperdiçados representam consoante o setor empresarial considerado 40 a 90% dos custos ambientais. O mesmo autor, diz que os fluxos de materiais são também fluxos de dinheiro e podem ser acompanhados por sistemas convencionais de contabilidade. Também, ao calcular os investimentos em salvaguarda ambiental, é necessário considerar uma maior eficiência de utilização de materiais e de produção. Os fluxos de materiais são dados pelas entradas (materiais, energia e água), através do processo industrial resulta nas saídas (produto e output não-produto). O principal problema associado a uma identificação sistemática das potencialidades para aumentar a eficiência da utilização dos materiais prende-se aos sistemas tradicionais de contabilidade analítica, os quais não são susceptíveis de fornecer informações relevantes sobre a estrutura física das empresas, i.e., a estrutura do seu fluxo de materiais. O output não-produto (resíduos e emissões) em particular, não é quantificado nem valorizado monetariamente de uma forma separada dentro dos sistemas de contabilidade. A avaliação convencional dos custos ambientais não considera os fluxos de materiais, mas principalmente os custos de tratamento e deposição de resíduos, assim como os investimentos em tecnologias de fim-de-linha. Posteriormente, vieram a ser realizados balanços aos fluxos de materiais na empresa, mas sem uma integração sistemática dos dois sistemas de informação e sem a avaliação dos custos dos fluxos de materiais. **A contabilidade dos resíduos produzidos**, numa fase ulterior, não só passou a avaliar os custos dos resíduos segundo a sua taxa de deposição, mas adiciona também os valores de compra dos materiais e os custos de produção *pro-rata*. O limite do sistema é a empresa, idêntico ao do relato financeiro. Esta abordagem está também no centro do método descrito neste documento que visa proporcionar uma avaliação compreensiva dos custos ambientais anuais. **A contabilidade baseada nas atividades** melhora o cálculo dos custos internos da empresa ao imputar os custos tipicamente encontrados nos custos de *overhead* às atividades e produtos poluidores. São identificados os fluxos de materiais que percorrem a empresa e os custos imputados aos respectivos centros de custos que geram poluição. **A contabilidade dos custos dos fluxos de materiais** não visa apenas desagregar os custos da salvaguarda ambiental, mas também detectar todos os fluxos de materiais através dos centros de custos da empresa, reavaliar os custos de produção e os percentuais das quantidades adicionadas nas várias fases da fabricação, tais como percentagem estimada de desperdícios e taxa de resíduos. Os diagramas técnicos de fabrico servem de suporte a esta abordagem. Enquanto o método detalhado avalia as quantidades agregadas e os custos dos fluxos de materiais, o que possibilita um melhor cálculo dos custos de produção, evita também a necessidade de separar as quotas relacionadas com o ambiente e de obter uma lista completa de outros custos ambientais. Os limites do sistema são os vários processos de produção e centros de custos da empresa.

Esta concepção dada pelo GTP da ONU em 2001 reforça a proposta metodológica de FARIA, J. J. P. (1999) que se baseou no custeio por atividades de BRIMSON, além de outros custeios contábeis e em métodos de valoração dos recursos ambientais, apropriados da economia ambiental. E, também, no fato de que as entradas são iguais às saídas, onde o custo da variável ambiental (poluente) deve ser apropriado dentro do custo de produção total. A exceção está em que: a concepção do GTP da ONU não internaliza os custos externos resultantes da atividade da empresa porque consideram que é papel do governo aplicar instrumentos políticos tais como eco-taxas e regulamentação de controle de emissões e de resíduos de forma a reforçar o princípio do poluidor-pagador, e a integrar assim os custos externos nos cálculos da empresa. Já FARIA, J. J. P. os internaliza na proposta metodológica supracitada e contempla o princípio do poluidor-pagador na sua essência.

6.1.3. Passivos Ambientais

O IBRACON (1996) entende que o Passivo Ambiental consiste no valor dos investimentos necessários para recuperar o meio ambiente, relativos às agressões praticadas pela empresa bem como as multas e indenizações em potencial. E acrescenta que existem riscos, nos casos do descumprimento de normas legais, como: paralisação temporária ou permanente dos negócios, por ação da população ou de movimentos ecológicos ou através da empresa.

A US Financial Accounting Standard Board (UNCTAD-ISAR Report - Environmental Financial Accounting em 1997, *apud* FARIA, J. J. P. (1999), conceituou Passivos Ambientais como os benefícios econômicos de prováveis sacrifícios futuros resultantes de obrigações presentes de uma entidade particular que podem transferir ativos e serviços provisionados para outras entidades no futuro como um resultado de transações e eventos passados. Geralmente são reconhecidas três características essenciais para um passivo:

a) pagamento de uma transferência futura ou uso de ativos, provisão de serviços, ou desistência de outros benefícios econômicos, para uma específica ou determinada data, na ocorrência de evento específico, ou de uma demanda;

b) uma obrigação que a entidade tem pouco ou nenhum critério para evitar; e

c) uma transação ou evento que já tenha ocorrido e gera obrigação para a entidade.

A Norma Internacional de Contabilidade IAS 37 (1998) considera que pode ser reconhecido como passivo ambiental quando forem causados danos ambientais pela empresa (pode não haver nenhuma obrigação para remediar as consequências). Porém, o fato de ter havido o dano tornar-se-á um acontecimento que cria obrigações quando uma nova lei exigir que o dano existente seja retificado ou quando a empresa publicamente aceitar a responsabilidade pela retificação de uma maneira que crie uma obrigação construtiva.

Passivos Ambientais podem ser os impactos ambientais provocados pelas atividades econômicas, decorrentes de taxas, contribuições, impostos, penalidades por descumprimento de lei ambiental (RIBEIRO, M. S. e MARTINS, E., 1998). Complementam que a implantação de sistema de gestão ambiental e a capacitação de seus empregados para o exercício de funções específicas de controle ambiental devem ser consideradas como passivos ambientais.

Passivos ambientais estão relacionados com financiamentos específicos relativos ao meio ambiente. Representam todas as obrigações a curto e longo prazo com o propósito de financiar investimentos em ações relacionadas com a preservação do meio ambiente. (GONÇALVES, S. S. e HELIODORA, P. A. A., 2005).

FARIA, J. J. P. (1999) conceitua Passivo Ambiental como todos os gastos relativos aos impactos ambientais, em função das atividades econômicas desenvolvidas, que podem provocar danos e riscos ao meio ambiente e a terceiros. E compreende, também, os gastos com multas, pelo não cumprimento às legislações ambientais vigentes; as indenizações por danos causados a terceiros; os gastos com a recuperação de danos causados a terceiros e ao meio ambiente; e o de lucros cessantes, como resultado de paralisação em conseqüência de qualquer medida legal.

A CNC (2002) estabelece que se reconheça um Passivo Ambiental quando seja provável que uma saída de recursos incorporando benefícios econômicos resulte da liquidação de uma obrigação presente de caráter ambiental, que tenha surgido em consequência de acontecimentos passados e se a quantia pela qual se fará essa liquidação puder ser mensurada de forma confiável. A natureza desta obrigação pode ser de dois tipos: a) legal ou contratual, se a entidade tiver uma obrigação legal ou contratual a evitar, reduzir ou reparar danos ambientais; ou b) construtiva, se resultar da própria atuação da entidade, quando esta se tiver comprometido a evitar, a reduzir ou reparar danos ambientais e não puder deixar de fazer em virtude de, em consequência de declarações públicas sobre a sua estratégia, ou as suas intenções ou de um padrão de comportamento por ela estabelecido no passado, a entidade tiver dado a entender a terceiros que aceita a responsabilidade de evitar, reduzir ou reparar danos ambientais.

Sobre Passivos Ambientais Contingentes, a Diretriz Contabilística nº 29 específica que não devem ser reconhecidos no Balanço. Se existir uma possibilidade, menos que provável, de que um dano ambiental deva ser reparado no futuro, mas essa obrigação esteja ainda dependente da ocorrência de um acontecimento incerto, deve-se divulgar um passivo contingente no Anexo ao Balanço e à Demonstração de Resultados. E quando o dispêndio não for materialmente relevante não é necessário divulgar qualquer passivo contingente.

6.1.4. Ativos Ambientais

O IBRACON (1996) apresenta os componentes dos Ativos Ambientais que compreendem:

- O imobilizado, referentes aos equipamentos adquiridos visando à eliminação ou redução de agentes poluentes, com vida útil superior a um ano;
- O ativo diferido constitui dos gastos com pesquisas e desenvolvimento de tecnologias a médios e longo prazos, quando envolverem benefícios e ações que se reflitam por exercícios futuros;
- Os Estoques, quando relacionados com insumos do processo de eliminação dos níveis de poluição; e,
- Também integram o ativo ambiental os empregos e impostos gerados, as obras de infra-estrutura local, escolas, creches, áreas verdes e

ajardinadas, buscando o desenvolvimento e a valorização da região. E eliminando o Passivo Ambiental, a empresa produz ativos no local.

Os Ativos Ambientais são conceituados pela US Financial Accounting Standard Board (UNCTAD-ISAR Report - Environmental Financial Accounting, em 1997, como o controle realizado pela empresa dos recursos econômicos resultantes de eventos ou transações passadas nas quais os benefícios econômicos futuros podem ser obtidos.

RIBEIRO, M. S. e MARTINS, E. (1998) explicam que a influência do meio ambiente na empresa deve ser evidenciada nos ativos por meio de provisão para a desvalorização, as perdas econômicas ou a redução potencial de uso e consumo dos bens da empresa em função da deterioração acelerada pelos efeitos da poluição.

FARIA, J. J. P. (1999) emitiu o seguinte conceito para o Ativo Ambiental: são todos os recursos financeiros aplicados: em investimentos em equipamentos para controle e prevenção de danos e riscos ambientais; em gastos com a manutenção dos equipamentos; gastos com medidas de controle ambiental; com encargos e benefícios sociais trabalhistas; impostos e taxas pelas atividades econômicas desenvolvidas; e os gastos com pesquisas e desenvolvimento de tecnologias para mitigação de tais danos e riscos.

A CNC em 2002 estabelece alguns critérios para o reconhecimento dos dispêndios ambientais como ativo, quais sejam: a) quando podem ser capitalizados caso tenham sido incorridos para evitar ou reparar danos ambientais futuros ou preservar recursos, caso proporcionem benefícios econômicos futuros e satisfaçam as condições para reconhecimento como imobilizado. b) Quando os dispêndios ambientais incorridos para evitar ou reparar danos ambientais futuros ou preservar recursos, somente poderão ser qualificados e reconhecidos como ativos se se destinarem a servir de maneira permanente a atividade da entidade e se, além disso, se estiverem satisfeitas uma das seguintes condições: 1) os custos relacionarem com benefícios econômicos que se espera venham a fluir para a entidade e que permitam prolongar a vida, aumentar a capacidade ou melhorar a segurança ou a eficiência de outros ativos detidos pela entidade (para além de seu nível de eficiência determinado originalmente); ou 2) os custos permitirem reduzir ou evitar uma contaminação ambiental suscetível de ocorrer como resultado das futuras atividades da entidade. Se os dispêndios ambientais não satisfizerem a esses critérios e condições deverão ser registrados como gastos no período em que incorrerem.

Ativos ambientais são bens adquiridos pelas empresas para controlar, preservar e recuperar o meio ambiente. As características dos ativos ambientais são diferentes de empresa para empresa, pois os processos produtivos e os bens utilizados no processo, controle e conservação e preservação do meio ambiente variam consoante a empresa. (GONÇALVES, S. S. e HELIODORA, P. A. A., 2005).

7. A CONTABILIDADE AMBIENTAL ANTES DO RELATÓRIO DE BRUNDLAND EM 1987

FARIA J. J. P. (1999) diz que anteriormente a este marco referencial não havia discussões a respeito de Contabilidade Ambiental. O que existia era a preocupação com o meio ambiente; instrumentos de política de controle da poluição ou degradação ao meio ambiente; leis, regulamentos, normas e padrões ambientais relativos às ações antrópicas, à preservação e conservação da natureza.

CAIRNCROSS, F. (1.992) cita a publicação em 1972 do "*The Limits to Growth*" de Meadows e outros. Nesta publicação sustentam que *"Se as atuais tendências mundiais de crescimento da população, industrialização, poluição, produção de alimentos e escassez de recursos continuarem inalteradas, os limites ao crescimento neste planeta serão alcançados em algum momento dos próximos cem anos".* E comenta que quando o Clube de Roma se reuniu em Estocolmo, e puseram em pauta o grande questionamento dos limites do crescimento com fundamento na afirmação de que os recursos naturais são finitos. Esta discussão gerou o aumento da preocupação com relação ao meio ambiente e ao princípio do poluidor pagador, adotado em 1.972 pelos países industriais membros da OCDE, como orientação para políticas ambientais adequadas. Afirmava-se que o princípio garantiria que poluidores arcassem com os custos integrais de suas ações. Desta forma, entendia-se que o princípio iria aprimorar a eficiência econômica e seria uma possível solução para o problema do ônus do sistema econômico. Pensou-se nos custos e benefícios da atividade econômica inserindo a dimensão ambiental.

8. A CONTABILIDADE AMBIENTAL DEPOIS DO RELATÓRIO DE BRUNDLAND EM 1987

Neste tópico destacaremos as contribuições de alguns autores sobre a Contabilidade Ambiental e as dificuldades para a sua aplicabilidade e operacionalidade depois da publicação do Relatório de Brundland em1987.

DONAIRE, D. (1994) disse que num seminário sobre meio ambiente e desenvolvimento, o empresário Erling Lorentzen, presidente do Conselho de Administração da Aracruz Celulose e membro do Conselho Empresarial Mundial sobre Desenvolvimento Sustentável, lembrou que as respostas na indústria ao "desafio ambiental" vêm-se alterando rápida e profundamente. Passaram do simples controle das emissões poluentes à prevenção da poluição. Na compra, fusão ou incorporação de empresas, sua situação ambiental torna-se cada vez mais importante para a avaliação de seu ativo/passivo. Chega-se a uma situação que avalia a indústria, não só por seu desempenho produtivo e econômico, mas também por sua performance em relação ao meio ambiente.

TINOCO, J. E. P. (1994) questiona: Quais as divulgações a serem feitas no limite do conhecimento hoje disponível? Para CARVALHO deveriam ser divulgados os ativos, as despesas e os passivos relacionados com o meio ambiente, nos quais:

a. Ativos e despesas são os recursos financeiros aplicados em equipamentos de proteção a danos ecológicos e as despesas de sua manutenção ou de correção dos efeitos dos tais danos.

b. Os passivos são de três categorias:

- Regulatória: referente à conduta mandatória vigente decorrente de atos legais;
- Corretiva: para fazer face a contaminações provocadas por danos ecológicos provocados; e
- Indenizatória: para atender a reclamações judiciais de danos à pessoa ou à propriedade, decorrente de desastres ecológicos.

LUCA, M. M. M. e MARTINS, E. (1994) argumentaram que as empresas brasileiras, principalmente as exportadoras, estão investindo em novas tecnologias para diminuição da geração de poluição, porque, se a empresa for poluente, as chances de realização de negócios no exterior são decrescentes. Países como a Alemanha, por exemplo, possui legislações que a impede de importar produtos com embalagens agressivas ao meio ambiente.

Estes autores sinalizaram que: os custos e despesas destinados à preservação ambiental ocorrem com o processo produtivo e/ou em decorrência deste. Tais itens devem ser destacados em grupo específico da Demonstração do Resultado do Exercício e devem compor-se de custos de insumos e de mão de obra necessários a proteção, preservação e recuperação do meio ambiente, bem como da amortização de gastos capitalizados, além das taxas de preservação ou multas impostas pelas legislações ambientais. As informações não financeiras das atividades da empresa relacionadas ao meio ambiente (como, por exemplo, sobre o produto; sua utilidade, como interfere ou interage junto ao meio ambiente e o destino dado ao seu resíduo final pelos consumidores) podem ser apresentados no relatório da Administração ou no Balanço Social. No Balanço Social são apresentados, em geral, os resultados do desempenho social da empresa e avaliadas as relações ocorridas entre esses resultados e a sociedade. As informações de natureza social apresentadas no Balanço Social, tais como níveis de emprego, relações e formações profissionais, condições de higiene e segurança no trabalho, proteção ao meio ambiente e distribuição da riqueza criada pela empresa complementam as tradicionais demonstrações contábeis.

FERREIRA, A. C. S. (1.995) comenta que a Auditoria tem na Contabilidade Ambiental a necessidade de informação para analisar fatos como os ocorridos com a "Union Carbide", na Índia, causando muitas mortes com o vazamento de gases tóxicos (amplamente divulgados pelas agências de noticias internacionais); com o vazamento de óleo de um petroleiro da "Exxon", no Alaska, provocando a destruição de planctos, mortes de peixes, aves, etc.. A este respeito diz que estas empresas não apresentavam em suas demonstrações contábeis nenhuma menção aos prováveis riscos que estavam incorrendo com a poluição ao meio ambiente. Nem com relação à necessidade de indenizar pessoas, governos, ou com gastos de recuperação ambiental pelos danos causados por atividades de sua responsabilidade, quando de suas ocorrências. A autora cita outras, como o vazamento ocorrido na Usina Nuclear de Chernobyl na Ucrânia e o da Usina Nuclear Three Miles nos EUA. Todas são exemplos que mostram que esse passivo ambiental deve estar previsto e devidamente registrado nas demonstrações contábeis e financeiras como contingências de riscos de danos ambientais. Provisionado e mensurado adequadamente na empresa servirá de base para a indenização a terceiros que foram prejudicados. Servirá para dar estabilidade na sua avaliação patrimonial, evitando desvalorizações bruscas de suas ações em Bolsas de Valores, quando for o caso; e até mesmo a insolvência quando o dano ambiental for de uma magnitude que a impossibilite de pagar. Esta autora propõe um Balanço Patrimonial Ambiental, onde incorpora no Ativo Circulante a subconta Custos Ambientais (-), nos quais estão inseridos os custos relativos ao consumo de recursos que quebram a cadeia produtiva (perdas de recursos); no Ativo Permanente as subcontas equipamentos poluidores; não poluidores; e antipoluição. No Passivo Circulante e Exigível a Longo Prazo a conta: Provisões para passivos ambientais; e no Patrimônio Líquido a conta: Reservas de Contingências para Passivos Ambientais. Na Demonstração do Resultado Ambiental inclui os custos ambientais da produção mais os custos de produção nos custos dos produtos vendidos. Nas despesas operacionais insere as despesas ambientais (inclusive provisões) e, então, apura-se o Lucro Operacional Ambiental. Considera que as Demonstrações Contábeis Ambientais acima propostas podem ser um instrumento a mais na gestão ambiental, tanto por parte dos governos como das empresas e da própria sociedade.

    MARTINS, E. e RIBEIRO, M. S. (1995) observam que com a constatação da crescente e assustadora desagregação ambiental e devido a pressão dos diversos segmentos (sociedade civil, governo, clientes e fornecedores), as empresas, voluntariamente, se viram obrigadas a incorporar aos objetivos de obtenção de lucros a responsabilidade social. A continuidade de suas atividades depende de sua aceitação pela comunidade como um todo e a referida responsabilidade social abrange o bem estar da população na sua integridade. Entenda-se que para proporcionar o bem estar da população, entre outros fatores, as empresas necessitam empenhar-se na: contenção e/ou eliminação dos níveis de resíduos tóxicos decorrentes de seu processo produtivo e do uso ou consumo de seus produtos de forma a não agredir o meio ambiente de forma geral. Estes autores referem ao surgimento das normas e padrões de qualidade, inclusive concernente à relação empresa/meio ambiente (ISO 9000/14000). Por esta razão as empresas estão sendo compelidas a melhorar suas relações com o meio ambiente, de forma a se adequarem aos padrões de qualidade ditados pelo mercado nacional e internacional. Neste contexto o rigor da legislação ambiental e a ameaça de uma retaliação por parte dos consumidores foram os elementos-chave para que muitas empresas percebessem a inadiável necessidade de assumir suas responsabilidades sociais, sob o aspecto de proteção e preservação do meio ambiente. Algumas empresas criaram cargos e áreas específicas para melhor gerenciar as questões ambientais, como exemplo a área de Auditoria Ambiental interna. Sobre o Passivo Ambiental, afirmam que a sua evidenciação passa a ser exigida com maior freqüência, como no caso de processos de cisão, fusão, incorporação, compra e venda, e inclusive a privatização de empresas estatais, essencialmente aquelas consideradas poluidoras em potencial (que são obrigadas por lei a fazer investimentos em controle ambiental). As empresas podem ser profundamente afetadas em função dos seus Passivos Ambientais, que podem resultar em prejuízo para os compradores, caso seja ignorado, dado que a nova empresa ou os novos proprietários o assumirão juntamente com todos os direitos que terão sobre a nova empresa. Para demonstrar este fato, mencionam a subsidiária do grupo francês Rhône-Poulenc-Rhodia, atuando no setor de produtos químicos, que decidiu adquirir as instalações de outra empresa, no município de Cubatão - SP, para instalar uma nova unidade. Depois de concluído o processo de compra, verificou que, além das instalações, adquiriu, também, gigantescos depósitos de lixo químico, os quais exigem tratamento sob o risco de inviabilizar a continuidade operacional da empresa e sua interação com a comunidade, como também o atendimento às exigências legais. Este é um exemplo típico de Passivo Ambiental não evidenciado e para o qual o comprador não atentou na época das negociações de compra e venda. Sugerem, ainda, que a evidenciação dos ativos ambientais tem o intuito de demonstrar o empenho das empresas no processo de preservação do meio ambiente. Entendem que todos os bens possuídos por estas e que visem à preservação, proteção e recuperação ambiental deveriam ser agregados em linha à parte das demonstrações contábeis (seja no subgrupo do Estoques ou no grupo do Ativo Permanente) de forma a transparecer suas ações, comparativamente aos demais elementos que compõem tais demonstrações. E o passivo ambiental deverá abranger todos os gastos que a empresa deverá realizar para o cumprimento de suas obrigações futuras.

O IBRACON (1996) na NPA-11 indica que a Contabilidade deve adotar registros específicos para os Ativos e Passivos Ambientais. Os Ativos Ambientais compreendem: o imobilizado, no que se refere aos equipamentos adquiridos visando à eliminação ou redução de agentes poluentes, com vida útil superior a um ano; os gastos com pesquisas e desenvolvimento de tecnologias a médio e longo prazos, constituindo, a rigor, valores integrantes do Ativo diferido (quando envolverem benefícios e ações que se reflitam por exercícios futuros); e, os Estoques, quando relacionados com insumos do processo para eliminação dos níveis de poluição. Também integram o Ativo Ambiental os componentes representados por empregos e impostos gerados, obras de infra-estrutura local, escolas, creches, áreas verdes e ajardinadas. Enfim, buscando o desenvolvimento e a valorização da região, e eliminando o Passivo Ambiental, a empresa produz ativos no local. O Passivo Ambiental consiste no valor dos investimentos necessários para recuperar o meio ambiente, relativos às agressões praticadas pela empresa bem como as multas de indenizações em potencial, e riscos, nos casos do descumprimento de normas legais, como: paralisação temporária ou permanente dos negócios, por ação da população ou por movimentos ecológicos ou através da empresa. A elaboração de um Plano Diretor Ambiental, que após aprovado pelos órgãos fiscalizadores do Meio Ambiente, seria o instrumento básico para eliminar o Passivo Ambiental da empresa, desde que seja executado o Ativo Ambiental.

MOTTA, F. C. (1997) menciona que essa necessidade das empresas, entidades apresentarem seu Balanço Economico-Financeiro e Ecológico é um ponto pacífico quando se busca o combate às agressões praticadas ao Meio Ambiente, como a poluição do ar, dos rios, dos mares, além dos efeitos nefastos no solo e subsolo, notadamente pelas indústrias dos países do primeiro mundo...

MER, F. (1997), Presidente da Associação Enterprises pour L'environnment da França, pronunciou que *"Empresas que protegem o meio ambiente são bem vistas pelo consumidor e por investidores, já havendo, em alguns países, fundos especializados em investir em empresas que protegem o ambiente. Esses fundos têm crescido e apresentado rentabilidade, porque as empresas são também mais rentáveis. Quais as causas desses resultados? Primeiro, a redução de custos, pela utilização de normas da ISO 14001. Outro exemplo típico é a reciclagem de materiais, que também traz vantagens, em muitos casos. O segundo elemento para explicar isso é a redução de riscos de poluição, que poderiam prejudicar as empresas no futuro. Se todas atenderem a programas de antipoluição, eliminarão a necessidade de enfrentar riscos futuros. Acionistas e investidores dão preferência a empresas sem riscos futuros."*

A Revista Brasileira de Contabilidade em 1997 destacou que a publicação de informações contábeis ligadas ao meio ambiente, principalmente nos relatórios anuais, demanda regras que são internacionalmente reconhecidas. Estas regras permitem comparar as informações com outras divulgadas por empresas de outros setores. A Contabilidade de Custos deve ajudar as decisões da administração para alocar gastos ambientais no custo de produção.

RUFFING, L. (1998), *Chief da Enterprise Developmente Branch*, UNCTAD, comenta no Relatório de Contabilidade Ambiental e Financeira para Empresas que a KPMG pesquisou 885 companhias em 1.995 e achou que somente 19% (dezenove por cento) demonstraram custos ambientais. Sendo que 1% (um por cento) diretamente e 18% (dezoito por cento) nas notas explicativas. Em 1.997, Roger Adams da ACCA, em outra pesquisa para a União Européia, achou que as informações ambientais divulgadas nas notas explicativas nos relatórios anuais variavam amplamente em seu âmbito e qualidade, como se fossem feitas em um relatório isolado. Havia pouca consistência nas informações, não possibilitando comparações entre companhias ou *benchmarking*.

RIBEIRO, M. S. e MARTINS, E. (1998) argumentam que a Contabilidade deve desenvolver todos os esforços para contribuir no processo de eliminação ou pelo menos de contenção dos efeitos nocivos da poluição sobre o patrimônio natural da humanidade. Dedicada ao estudo da situação patrimonial das entidades econômicas e suas variações, essa ciência poderá contribuir mensurando e informando os efeitos econômicos e financeiros dos impactos ambientais e da conduta da empresa no que tange à proteção e preservação do meio ambiente. Empenhando-se assim, a Contabilidade poderá contribuir para evidenciar a responsabilidade social da Companhia, a qual estará refletida nas medidas empreendidas para tornar o processo operacional saudável do ponto de vista ambiental e, ao mesmo tempo, eliminar riscos de descontinuidade impostos pela legislação ambiental, por passivos ambientais vultosos, ou ainda por restrições do mercado. Em principio estaria revelando à sociedade o potencial de risco da empresa, contudo conhecê-los pressupõe o dever de eliminá-los, como forma a manter a permissão de continuar no mercado: 'permissão' do governo; de terceiros que injetam recursos na empresa, principalmente fornecedores e instituições financeiras; dos clientes; do mercado, notadamente o internacional que tem adotado medidas restritivas para os agressores do meio ambiente. Quanto à mensuração de gastos relativos ao controle ambiental, entendem que o custeio variável poderia ser considerado por alguns como melhor do que o custeio por absorção, devido à ausência de bases mais precisas para a associação de custos gerais com os produtos ou processos e as arbitrariedades provocadas pelo rateio. Atualmente, com o surgimento do custeio por atividades, podemos considerar que este método produz resultados bem mais próximos do que se pretende mensurar, na medida em que a grande maioria dos custos indiretos de fabricação pode ser identificada por meio das atividades de natureza ambiental.

FARIA, J. J. P. (1999) cita que a Organização das Nações Unidas através do *Working Group of Experts on International Standards of Accounting and Reporting - ISAR* (Grupo de Trabalho Intergovernamental de Peritos sobre Normas Internacionais de Contabilidade e Relatórios) iniciou os trabalhos sobre a contabilidade ambiental a nível de corporações em 1989 quando recomendou para discussão do tema à Noruega e Índia. No início os especialistas de vários países desenvolvidos tinham reservas quanto a este assunto, embora estivessem em suas agendas. O ISAR passou a discutir mais intensivamente a partir de 1990, juntamente com outros grupos do sistema das Nações Unidas; organizações profissionais nacionais e internacionais; e corporações dos setores públicos e privados. O ISAR com a análise das melhores práticas de demonstrações ambientais utilizadas pelas corporações transnacionais formulou um primeiro guia em 1991. Continuou a monitorar os relatórios das demonstrações anuais destas corporações e elaborou outro guia em 1992 e outro em 1994. Mas, observou que as demonstrações permaneciam qualitativas, descritivas, e difíceis de comparar. As pesquisas realizadas demonstraram também que havia uma relutância das companhias em apresentar demonstrações voluntariamente. FARIA em 1999 propôs um Plano de Contas para servir de base para as empresas apresentarem o Balanço Patrimonial Ambiental. O Ativo Circulante Ambiental compreende a conta estoques, referente aos insumos a serem consumidos pelas MC (medidas de controle) em todas as atividades; a conta compensação de ativos ambientais, referentes a transferências de excedentes dos ativos ambientais das variáveis ambientais (MC maior que X + E); a conta encargos sociais, impostos e taxas, menos os encargos sociais, impostos e taxas apropriados nas MCs. No Ativo Realizável a Longo Prazo Ambiental, a conta certificados de ativos ambientais; a conta investimentos em projetos de recuperação de áreas privadas ou governamentais de interesse de preservação e conservação ecológica e ambiental; a conta investimentos em infra-estrutura pública para benefícios sócio-ambientais. No Ativo Permanente Ambiental, a conta equipamentos de controle ambiental; a conta Áreas Verdes (Parques e Jardins); a conta instalações utilizadas para benefícios sociais de segurança, higiene, trabalho e saúde. No Ativo Diferido Ambiental, a conta Pesquisas e desenvolvimento de tecnologias de controle ambiental e antipoluição; a conta Projetos de instalações de controle ambiental. No Passivo Circulante Ambiental, a conta Poluentes (somatória das variáveis ambientais de todas as atividades); a conta Multas, Indenizações; a conta Lucros cessantes por paralisação devido a condicionantes ambientais; a conta, Seguros contra acidentes e riscos ambientais; a conta Certificados de passivos ambientais; a conta Provisões para passivos ambientais. No Passivo Exigível a Longo Prazo Ambiental, a conta Multas, indenizações; a conta Certificados de passivos ambientais; a conta Provisões para passivos ambientais. No Patrimônio Líquido Ambiental, a conta Capital; a conta Reserva de Contingências para passivos ambientais; e a conta Reserva de certificados de ativos ambientais.

FERREIRA, A. C. S. (2003) apresentou um plano de contas como uma sugestão para uma empresa que tenha o meio ambiente como uma variável estratégica de seus negócios. Afirma que sua aplicação variará de acordo com as atividades da organização e também de seus interesses, e para cada organização haverá um plano de contas adequado. Nesse Plano de Contas detalha a conta Estoques em matéria prima e produtos acabados (renováveis, não renováveis, reciclados e reutilizáveis) e explica como é entendido ativo renovável (recurso não desaparece em função do uso) e não renovável (recurso esgota-se em função do uso). No ativo permanente a conta investimentos compreende os certificados negociáveis em mercado aberto emitidos em decorrência de investimentos realizados em reflorestamento para seqüestro de carbono; os investimentos em reflorestamento para seqüestro de carbono; e os direitos sobre recursos naturais (jazidas de recursos minerais). Os investimentos ligados diretamente à produção que não causam nenhuma agressão ao meio ambiente como: equipamentos de tecnologia limpa; equipamentos de tecnologia de adição de pequenas quantidades (pouco emissor de resíduos) e os equipamentos de tecnologia poluente (não preocupa com a preservação do meio ambiente). Os investimentos não diretamente ligados à produção, ou seja, que tenham como objetivo proteger ou recuperar o meio ambiente. No ativo diferido, o renovável e não renovável. No Passivo Circulante as contas para provisão para contingências ambientais, que se refere ao registro dos valores estimados da poluição realizada decorrente do processo produtivo como: meio ambiente a recuperar; indenizações por doenças causadas; multas prováveis; aposentadorias precoces; compensações diversas; etc. No Exigível a Longo Prazo as provisões para contingências ambientais (idem às do passivo circulante). No Patrimônio Líquido, as reservas para contingências ambientais esperadas (refere-se ao valor do potencial de poluição dos equipamentos da entidade que serão restrições a lucros futuros). Em despesas ambientais inclui a conta de recuperação de áreas degradadas (referente à degradação do ar; do solo e da água); a conta depreciação de equipamentos tecnológicos diretamente ou não diretamente ligados à produção; e a conta outras despesas ambientais (de prevenção, de treinamento e de indenizações a terceiros). A autora faz a seguinte observação: as contas de despesas, quando relacionadas ao processo produtivo, deverão acompanhar a contabilização do Custo de Produção. As Receitas Ambientais compreende as contas de receita de serviços e receita de vendas de material reciclado.

CARVALHO, G. M. B. (2009) faz algumas considerações sobre as contas ambientais, abordando que a maioria das empresas mantém-se omissas em relação à evidenciação dos fatos contábeis ambientais. Entende que o real motivador para alguns desses registros é a responsabilidade, mais do que a ética. Refere-se à apresentação das informações ambientais em contas separadas das demais para evidenciar com mais clareza a relação da entidade com o meio ambiente, contribuindo para a transparência das mesmas. Complementa que através dos registros e da evidenciação dos fatos contábeis ambientais, a Contabilidade estará cumprindo o seu objetivo de fornecer informações a seus usuários e auxiliar no processo de tomada de decisão. Ressalta que a omissão dessas informações compromete os dados sobre o valor do lucro da entidade em virtude deste não estar onerado pelos custos e despesas ambientais, e, também, como consequência, o valor do patrimônio líquido. Destaca que as empresas estarão assumindo uma posição de vanguarda ao evidenciarem as informações ambientais, e que bons resultados serão obtidos como contrapartida.

SILVA, B. G. (2009) comenta que a contabilidade não estava preparada para registrar adequadamente os efeitos econômico-financeiros da nova postura de ser preservar o meio ambiente. Para acompanhar as mudanças ocasionadas por esta postura foi desenvolvida a Contabilidade Ambiental. Cita algumas empresas transnacionais que adotaram o conceito de Contabilidade Ambiental. Mas, o conceito adotado por estas empresas está mais direcionado à políticas ambientais intrínsecas, com base em suas especificidades de atuação, com foco em diretrizes com a inserção da dimensão ambiental para orientar suas atividades econômicas e suas ações. Afirma que no balanço a empresa deve apresentar as contas patrimoniais que mostram a preocupação da mesma com a preservação e conservação do meio ambiente. E que se a entidade faz a Contabilidade Ambiental deve mostrar para a sociedade qual o efeito de sua gestão ambiental, utilizando demonstrativos contábeis adaptados a essa realidade. Deve divulgar junto com o Balanço Patrimonial um outro demonstrativo contábil mostrando qual o efeito sobre o patrimônio da Contabilidade da Gestão Ambiental adotada por ela. Este balanço o autor denomina de Destaque Ambiental do Balanço Patrimonial, onde todas as contas voltadas para a gestão ambiental da empresa são destacadas para, no final, mostrar qual foi o efeito econômico-financeiro desta gestão adotada.

9. MÉTODOS DE CUSTEIOS CONTÁBEIS E DE VALORAÇÃO ECONÔMICA DOS RECURSOS AMBIENTAIS

Os Métodos de Custeio Contábeis são os existentes na Contabilidade Convencional ou Tradicional, enquanto os Métodos de Valoração Econômica dos Recursos Ambientais na Economia Ambiental. Faremos referências sobre alguns destes métodos que podem ser utilizados no Método de mensuração para internalização dos custos ambientais nos custos dos bens e serviços produzidos a ser desenvolvido.

9.1. Métodos de Custeios Contábeis

Método de Custeio por Processo (MCP). Segundo CASHIN (1.982) é um sistema de custeio de acumulação de custos de produção por departamento ou centro de custos. Se um departamento tem dois ou mais processos divide-se em dois ou mais centros de custos. A cada processo corresponde um centro de custo. Um sistema de custos por processo determina como os custos incorridos durante um período serão alocados. Um processo de produção resultará em vários produtos diferentes. O custeio de produtos conjuntos e de subprodutos envolve a alocação dos custos conjuntos a um dos produtos resultantes do processo. A dificuldade está na indivisibilidade, ou seja, os custos não são identificáveis a qualquer dos produtos que estejam sendo produzidos. E para isso utilizam-se métodos para alocar os custos conjuntos como: das unidades quantitativas; valor de vendas ou de mercado e o do custo unitário.

Método do Custeio Variável (MCV). RIBEIRO e MARTINS (1.998) destacam que de acordo com este método, os custos são considerados apenas quando têm direta associação com a produção, especificamente com o *volume* de produção. Os demais são custos gerais da empresa, não sendo passíveis de qualquer associação com qualquer outro elemento, visto sua natureza fixa.

Método do Custeio por Absorção (MCAb). RIBEIRO e MARTINS (1.998) explicam que: neste método todos os custos que não puderem ser associados diretamente à produção serão alocados a esta por meio de rateio do total dos custos entre as partes da empresa, de acordo com parâmetros estabelecidos pelos gestores, com base no organograma funcional.

Método do Custeio por Atividades (MCA). BRIMSON (1.996) afirma que a atividade descreve o que uma empresa faz, a forma como o tempo é gasto e os produtos do processo. A principal função de uma atividade é converter recursos (material, mão de obra e tecnologia) em produtos/serviços. A contabilidade por atividades identifica as atividades desenvolvidas em uma empresa e determina seu custo e desempenho (tempo e qualidade). Destaca a importância do estabelecimento de uma relação causal de um fator de produção e uma atividade, e diz: quando uma relação de causa e efeito pode ser estabelecida entre um fator de produção e uma atividade específica, o custo é identificável. Pondera que existe relação causal quando um fator de produção pode ser mostrado como sendo consumido diretamente por uma atividade. Alguns aspectos que consideramos importantes para a Contabilidade Ambiental: a Contabilidade por Atividades fornece os fundamentos para alcançar a excelência empresarial, pela eliminação de distorções e subsídios cruzados causados pelas alocações de custos tradicionais, e fornece uma base para melhorar o custo e o desempenho. As informações de custos por atividade fornecem uma visão clara de como a combinação dos diversos produtos, serviços e atividades de uma empresa contribuem ao final para o resultado. Entende que o método do custeio por atividades pode ajudar a alcançar a excelência empresarial por:

- Facilitar a eliminação de desperdícios, propiciando a visibilidade das atividades que não agregam valor;
- Indicar as origens dos custos através da identificação dos geradores de custo;
- Propiciar *feedback* quanto à obtenção dos resultados esperados das estratégias para que ações corretivas possam ser iniciadas;
- Assegurar que tempo, qualidade, flexibilidade e conformidade às metas programadas sejam atingidos pela ligação das medidas de desempenho à estratégia;
- Encorajar a melhoria contínua e o controle da qualidade total, porque o planejamento e o controle são dirigidos ao nível de processo.

9.2. Métodos de Valoração Econômica dos Recursos Ambientais

MOTTA, R. S. (2006) faz uma observação de como se pode aumentar a eficiência da gestão ambiental com a utilização de um critério econômico, reforçando a dimensão humana da gestão ambiental. A utilização de técnicas de valoração econômica para estimar os valores sociais dos recursos ambientais na valoração ambiental. Também, comenta que os métodos de valoração econômica do meio ambiente são parte do arcabouço teórico da microeconomia do bem-estar e são necessários na determinação dos custos e benefícios sociais quando as decisões de investimentos públicos afetam o consumo da população e, portanto, seu nível de bem estar.

Alguns métodos de valoração econômica dos recursos ambientais:

Valor Econômico dos Recursos Ambientais (VERA). MOTTA, R. S. (1.998) comenta que o valor econômico dos recursos ambientais geralmente não é observável no mercado através de preços que reflitam o seu custo de oportunidade. O Valor Econômico dos Recursos Ambientais é dado pelo valor de uso, de opção, e não uso ou existência dos bens e serviços gerados pelos recursos ambientais. O Valor de Uso (VU) é o valor de utilização do recurso na forma de extração, visitação ou outra atividade de consumo direto ou indireto. O Valor de Opção (VO) é quando se atribui valor de usos diretos e indiretos que poderão ser optados em futuro próximo e cuja preservação pode estar ameaçada; ou alternativas de uso atual. O Valor de Existência ou não uso (VE) é o valor atribuído ao direito de existência de espécies não humanas ou preservação de riquezas naturais, mesmo que não represente uso presente ou futuro. O Valor Econômico dos Recursos Ambientais pode ser dado pela seguinte expressão matemática: VERA = VU + VO + VE.

Método de Função de Produção (MFP). MOTTA, R. S. (1.998 e 2006) a produção de um produto Z é função de um conjunto (X) de insumos formado por bens e serviços privados; e de um bem ou serviço ambiental gerado por um recurso ambiental (E). Permite, então, o cálculo do valor da contribuição do recurso ambiental como fator de produção de um determinado produto em determinada atividade econômica. A expressão desta função é: Z = F (X, E).

Método da Produtividade Marginal (MPM). Segundo, MOTTA, R. S. (1.998) este método assume que o preço do produto (p_z) é conhecido e o valor econômico de E (VE) seria: VE = p_z F/ E. É necessário conhecer a correlação de E em F ou, mais especificamente, as funções de dano ambiental ou as funções de dose-resposta (DR) onde: E = DR (x, x..., Q), onde x são as variáveis que, junto com o nível de estoque ou qualidade Q do recurso, afetam o nível de E. Assim, E = DR / Q. Estas funções DRs procuram relacionar a variação do nível de estoque ou qualidade (respectivamente, taxas de extração ou poluição) com o nível de danos físicos ambientais e, em seguida, identificar o efeito do dano físico (decréscimo de E) em certo nível de produção específico.

O Método dos Custos Evitados ou Induzidos (MCEI) apresentado por AZQUETA (1.994) é um método que trata de analisar os benefícios ou custos gerados por uma mudança na quantidade ou qualidade de um bem ambiental (bem público) que constitua num insumo na produção de um bem privado que tenha um mercado. Primeiro, se faz necessário conhecer como a mudança da qualidade do bem público afeta o rendimento dos demais fatores da produção do bem privado. Para tanto o autor introduz o conceito de função doses-resposta. A produção de alumínio, por exemplo, tem como uma de suas conseqüências negativas a emissão de flúor na atmosfera. Estas emissões, arrastadas pelas chuvas para o solo, afetam negativamente a qualidade dos pastos, que consumidos pelo rebanho bovino causam a enfermidade conhecida por fluorose. Esta doença reduz o rendimento dos animais em sua produção de carne ou leite. Este fenômeno é reconhecido como função dose-resposta. Esta função dose-resposta, que a ciência básica proporciona com a ajuda da inferência estatística, tem uma vasta aplicação no campo da problemática ambiental, sendo considerada a base sobre a qual se assenta a maioria dos estudos de impacto ambiental. O conhecimento destas funções permite uma primeira aproximação da valoração econômica de uma mudança da qualidade ambiental. Agora, se as autoridades locais do território afetado pela contaminação do flúor na atmosfera imponham uma norma ambiental restringindo as emissões ao limite crítico, pode-se valorar o benefício desta medida. Este benefício será dado pela quantidade conhecida de redução da produção de leite ou carne e pelo restabelecimento do nível normal de produção, e multiplicando pelo seu preço se estabelece a expressão econômica do benefício total atribuída à medida, que neste caso, tomaria a forma de excedente de produção.

Custos de Danos e Controle (CDC). MARGULIS (1.996) diz que os danos incluem tanto os custos de mitigação (preventivos) quantos os custos gerados pelos impactos que permanecem após a mitigação e o controle (por exemplo, os custos da poluição após terem sido instalados os filtros e após ter sido usada medicação para tratar as doenças relacionadas com a poluição; no caso da erosão, as perdas de colheitas após terem sido implementadas as medidas de conservação do solo e após ter sido aplicada fertilização compensatória).

Custos dos Danos Ambientais (CDA). BELLIA (1.996) afirma que são os custos diretos e indiretos. Os diretos são os custos que se referem aos danos criados pela presença de agentes negativos sobre alguma função ambiental fazendo com que perca, total ou parcialmente, seu valor de uso (p. ex. contaminação da água; sobre exploração de recursos naturais; ruídos excessivos;

etc.). Tais custos se referem a danos em funções ambientais específicas. Os indiretos são associados a prejuízos para o multiuso, ou para o uso alternativo do meio ambiente e dos recursos naturais (p. ex.: a contaminação da água pode impossibilitar seu uso para a recreação; a superexploração de florestas pode contribuir para a erosão, enchentes, desertificações, etc.).

Custos de Medidas de Proteção (CMP). BELLIA (1.996) conceitua como os custos ligados à redução ou eliminação de danos. Compreendem os custos: de regulamentação e controle da aplicação das medidas regulamentadoras; financeiros que são, basicamente, os custos de oportunidade dos usos alternativos dos recursos em questão; de pesquisas e de informação; e os orientados ao aumento da capacidade do meio ambiente (custos de recuperação da qualidade do meio ambiente; custos de criação de novas capacidades ambientais; custos de preservação).

Custos Sociais (CS). BELLIA (1.996) diz que estes custos se referem às reduções do bem-estar como causa dos danos causados ao meio ambiente.

Método de Disposição a Pagar (MDP). BELLIA (1.996) comenta que o método reflete a medida do valor (ou utilidade) que os indivíduos atribuem às mercadorias que pretendem comprar, inclusive no sentido de preferir umas às outras. Como os serviços ambientais, ou o uso futuro dos recursos naturais, não tem mercado próprios, identificam-se mercados de recorrências (ou hipotético), nos quais se possam atribuir os valores necessários.

Método da Produção Sacrificada (MPS). Segundo BELLIA (1.996), quando os efeitos ambientais são localizados ou individualizáveis é possível medir diretamente o valor de seus impactos negativos em termos de produção sacrificada ou perdida. É o caso dos prejuízos à pesca causados por um acidente como o do navio "Exxon Valdez", ocorrido no Alasca em 1.989.

Método dos Preços Hedônicos (MPH). AZQUETA (1.994) comenta que as pessoas adquirem bens em um mercado, porque estes têm uma série de atributos que os permitem serem úteis: satisfazer alguma necessidade. Então, tem um valor de uso. Muitos bens não têm um único valor de uso, não satisfazem uma única necessidade humana, mas sim são bens multiatributos, satisfazem várias necessidades ao mesmo tempo. Por exemplo, quando uma pessoa adquire um automóvel, não está comprando somente os serviços de locomoção, mas outros atributos que interessam ao comprador, pelos quais está disposto a pagar uma determinada quantia em dinheiro. Estes são chamados de preços hedônicos, que referem a cada um dos atributos. Atribuir, em outras palavras, a cada característica do bem, seu preço implícito, ou seja, a disposição marginal a pagar da pessoa por uma unidade adicional da mesma. O método tem muitas aplicações na valoração de bens que se comercializam no mercado.

Método da Valoração Contingente (MVC). MOTTA, R. S. (1.998) comenta que este método é aplicável para a determinação do valor de existência e que este não está associado ao uso do recurso, mas a valores com base na satisfação altruística de garantir a existência do recurso. A sua fundamentação teórica está na utilização da função utilidade para distintas combinações de renda e de provisão de recursos ambientais. Esta função utilidade U não é observável diretamente, então o método de valoração contingente estima os valores de DAA (disposição a aceitar) e DAP (disposição a pagar) com base em mercados hipotético, simulados através de pesquisas de campo, com questionários que indagam ao entrevistado sua valoração contingente (DAA ou DAP) em face de alterações na disponibilidade de recursos ambientais (Q). Posteriormente, buscam-se simular cenários, com características as mais próximas possíveis das existentes na realidade, compatíveis com as preferências identificadas nas pesquisas de tal modo que reflitam as decisões que os agentes tomariam de fato, caso existisse um mercado para o bem ambiental descrito no cenário hipotético. Estas preferências devem ser expressas em valores monetários, com base nas respostas dos questionários sobre quanto os indivíduos estariam dispostos a pagar para garantir a melhoria de bem-estar, ou quanto estariam dispostos a aceitar em compensação para suportar uma perda de bem-estar.

10. DESENVOLVIMENTO DO MÉTODO DE MENSURAÇÃO PARA INTERNALIZAÇÃO DOS CUSTOS AMBIENTAIS NOS CUSTOS DOS BENS E SERVIÇOS PRODUZIDOS

O desenvolvimento do método com o objetivo de internalizar os custos ambientais nos custos dos bens e serviços produzidos tem como fundamentação: as discussões, tratadas nos capítulos anteriores e neste capitulo, tanto conceituais quanto sobre a problemática relativa aos aspectos ambientais e à gestão ambiental no meio ambiente interno e externo das empresas. Estas discussões evidenciam que a grande dificuldade está na fixação de procedimentos para mensurar e registrar os custos ambientais, não havendo, ainda, um consenso neste âmbito. Mas, para se tentar eliminar essa grande dificuldade, entende-se que a base conceitual da Economia Ambiental proposta e o conceito da Contabilidade Ambiental nos permitem emitir a seguinte máxima: somente a integração da Economia Ambiental com a Contabilidade Ambiental possibilitará a internalização dos custos ambientais nos custos dos bens produzidos. Significa dizer que a Contabilidade Ambiental só será possível com a adoção dos conhecimentos da Economia Ambiental. As somatórias desses conhecimentos servirão de base para um novo conceito de Contabilidade Ambiental. Dentro dessa nova base conceitual da Economia Ambiental e da Contabilidade Ambiental, procurar-se-á a proposição de procedimentos e metodologias para mensurar as variáveis ambientais (a ser conceituada posteriormente); a determinação de princípios que servirão de norte no desenvolvimento do método. Alguns destes princípios: o capital natural tem que ser avaliado pelo seu real valor; a base tem que ser a sua capacidade de geração de riquezas; a sua capacidade de utilidade até a exaustão e/ou degradação e até a sua necessidade de recuperação; os custos ambientais têm que prever além destes componentes, o custo de exaustão e/ou degradação, o custo de controle ambiental, o custo de paisagem ambiental e os custos das externalidades.

Para o melhor entendimento do desenvolvimento do método para a internalização dos custos ambientais nos custos dos bens produzidos buscaremos subsídios nos seguintes tópicos:

10.1. Externalidade Ambiental

ACSELRAD, H. (1998) comenta que os estudos até este ano sobre a internalização dos custos ambientais estão em dois tipos de dificuldades: as dificuldades que considera aparentemente técnicas de valorar processos ecológicos incertos e heterogêneos; e as dificuldades de identificar as fontes de legitimidade para fundamentar os valores econômicos de tais processos e fazê-los valer nos mecanismos decisórios ou no mercado. Ainda, cita que no estudo de PUTTA, in HOHMEYER & OTTINGER (1991), os responsáveis pelo planejamento dos investimentos no setor elétrico dos Estados Unidos da América, que reconhecem seis tipos de situações quanto aos procedimentos para contabilização dos custos ambientais: a) custos sociais monetizados; b) custos sociais que podem ser monetizados; c) custos sociais que podem ser quantificados; d) efeitos que só podem ser descritos em termos qualitativos; e) efeitos prováveis que não podem hoje ser precisados; e f) efeitos hoje desconhecidos. ACSELRAD continua sua manifestação sobre a internalização das externalidades dizendo que a falta de precisão conceitual tem levado a que se superponham desordenadamente os diferentes planos do debate – as questões relativas à valoração econômica do meio ambiente enquanto procedimento metodológico e a internalização dos custos ambientais enquanto prática política.

CÁNEPA, E. M. (2010) faz uma abordagem na teoria econômica sobre a poluição. A primeira é a pigouviana que considera o dano causado pela poluição como um custo social, uma externalidade negativa resultante do fato de um agente econômico, pela sua atividade, gerar um custo pelo qual outro agente tem que pagar. E, segundo Pigou, a correção dessa externalidade negativa pode ser feita mediante a imposição pelo Estado de um tributo incidente sobre cada unidade produzida, igual à diferença entre o custo marginal privado e o custo marginal social. Este valor é igual ao valor da externalidade. A segunda abordagem trata da internalização dos custos de controle dada pela Análise de Custo-Efetividade (ACE) que busca e analisa alternativas de abatimento da poluição que atinjam socialmente as metas estabelecidas, ao menor custo possível. Nesse processo o Estado assume efetivamente a propriedade dos bens ambientais (ar, águas) aos quais é impossível alocar direitos de propriedade privada. A sociedade fixa padrões de qualidade para diversos corpos receptores, exigindo a manutenção da qualidade atual. A operacionalização é por dois instrumentos econômicos de incentivos aos agentes econômicos: a cobrança pelo despejo dos efluentes no bem ambiental objeto da política (Princípio Poluidor Pagador), ou o estabelecimento de Certificados Negociáveis de Poluição (onde cada agente poluidor só poderá emitir quantidade de poluente igual ao total estipulados nos certificados em seu poder). A terceira abordagem, também trata da internalização dos custos de controle, que neste caso é dada pela Análise de Custo-Benefício (ACB) que basicamente difere da ACE na fixação da meta final, o padrão de qualidade a ser atingido a longo prazo. No caso da ACB a meta é fixada pelo próprio subsistema econômico mediante a análise dos custos e benefícios do abatimento da poluição (uma dificuldade operacional apontada pelo autor é referente aos benefícios, que geralmente apresentam a característica de bens públicos).

   A externalidade ambiental está no fato da poluição causar um dano fora da empresa, num bem público ou privado. Mas, este fato de ser externo não é fator de exclusão porque a geração do poluente foi interna, que é o causador da poluição. Então, a relação causa-efeito, respectivamente, interna e externa, por si só já internaliza a externalidade ambiental na empresa. Como o poluente é um componente (subproduto) do processo industrial de uma atividade da empresa na produção de um determinado produto, o seu custo tem que ser apropriado. E como há uma relação direta entre poluente e a externalidade ambiental, esta gera um custo, este custo deve ser apropriado no custo do poluente. Então, o custo do poluente é função do custo da externalidade ambiental. A apropriação pode ser estabelecida através de uma função, ou seja: poluente = f(externalidade ambiental). Desta forma se estabelece outra relação, a relação entre todas as ações e medidas na empresa, na atividade geradora do poluente, para evitar ou minimizar a externalidade ambiental. Portanto, o poluente é função, também, destas ações e medidas.

10.2. A Gestão Ambiental nas Empresas

É relevante discutir a gestão ambiental ou até mesmo sugestões de gestão ambiental nas empresas que implicam em desenvolvimento de sistemas de decisão, mensuração e informação dos aspectos ambientais referentes às suas atividades.

ANDRADE, et al. (2000) propôs um modelo de gestão ambiental como instrumento de gerenciamento de uma empresa, adotando como fundamentação conceitual o enfoque sistêmico e os princípios de qualidade como conceitos e pressupostos, incorporando os requisitos das normas de qualidade da série ISO 9000 e os requisitos das normas de gestão ambiental da série ISO 14000. Neste modelo há um fluxo físico ou cadeia de agregação de valores, que se origina nos fornecedores, perpassa toda a organização e se encerra no cliente final. Ao mesmo tempo, ocorre um fluxo virtual de decisões e informações, ao lado do ciclo econômico e financeiro, este último em sentido inverso à cadeia de agregação de valores (do recebimento ao pagamento dos fornecedores). Há uma maior integração com as entidades externas, principalmente com fornecedores e clientes finais. Na concepção do modelo de gestão ambiental incorporou-se a compreensão do meio ambiente no qual a organização está inserida, de sua caracterização em termos de traços comuns, de identificação das estratégias genéricas a que está sujeita, independentemente das singularidades próprias inerentes a cada organização.

FERREIRA, A. C. S. (2003) considera que a degradação ambiental é uma perda econômica resultante de ineficiência gerencial e que o modelo de gestão ambiental deveria dar condições ao gestor para envidar os esforços no sentido de reduzi-la ou eliminá-la. No modelo de gestão ambiental que FERREIRA descreve destaca os seguintes pontos importantes:

- O gestor ambiental é considerado responsável pelo gerenciamento de todos os impactos causados e dos benefícios gerados ao meio ambiente de toda entidade;
- O gestor ambiental detecta as degradações e deve poder decidir como tratá-las para otimizar os resultados da empresa;
- A área da gestão ambiental deve ser a responsável pelos princípios e valores que regerão as políticas e programas ambientais da empresa. Significa dizer que as decisões sobre o que fazer deve ser em conjunto com as outras áreas. Qualquer mudança nessas políticas só poderá ser realizada com o seu consentimento.

- As políticas ambientais devem dizer respeito a, entre outras:
    - À imagem pública da empresa;
    - Educação ambiental dos funcionários;
    - Participação em programas públicos de recuperação ambiental;
    - Zelar pela implantação de processos produtivos (de bens ou serviços) que preservem o meio ambiente;
    - Transparência sobre as ações da empresa que afetem o meio ambiente e que digam respeito a terceiros, direta ou indiretamente relacionados com a empresa.
    - A gestão ambiental é responsável por implementar programas de: preservação ambiental, redução da emissão de resíduos e auditoria ambiental.

A gestão ambiental nas empresas nos países do Mercosul estão mais afeitas aos marcos regulatórios dos países membros que implicam no cumprimento dos mesmos pelas empresas. Não há uma gestão ambiental voluntária com o objetivo precípuo de aumentar a sua produtividade econômica procurando melhorar o aproveitamento das matérias primas, insumos básicos e energia nas entradas do processo industrial das atividades e na minimização da produção de resíduos sólidos, líquidos e gasosos (poluentes) nas saídas. Há algumas exceções, estas são a nível, principalmente dos grandes grupos nacionais e internacionais. Também, no caso do Brasil, o Sistema das Federações das Indústrias têm orientado na adoção da Tecnologia da Produção mais Limpa e do sistema de gerenciamento da disposição ou aproveitamento dos resíduos (este mais com a finalidade de cumprimento das conformidades legais ambientais). Na Argentina, segundo LEMOS, H. M. e CASTRO, M. I. (2003), o governo tem empenhado esforços para implementar a gestão ambiental nas empresas argentinas, como forma de facilitar o cumprimento das leis. Diversas normas prevêem a aplicação de multas e/ou reclusão para os infratores, a necessidade de autorização para a instalação de novas fábricas e a supervisão e controle das emissões industriais. No Brasil, da mesma forma que as empresas argentinas, a gestão ambiental é mais para o cumprimento do marco regulatório ambiental, que é bastante complexo e está inserido entre os marcos legais mais completos do mundo. No Paraguai e Uruguai, a gestão ambiental das empresas também está baseada no cumprimento das normas legais ambientais.

Os mesmos autores acima citam uma pesquisa de LAU e RAGOTHAMAN, realizada em 1997 com 69 empresas químicas americanas sobre questões estratégicas da gestão ambiental, concluíram que as principais motivações para a implantação de Sistemas de Gestão Ambiental – SGA, em ordem de importância, são: 1ª. As regulamentações ambientais; 2ª. A imagem da empresa; 3ª. Iniciativas da alta direção; 4ª. Redução de custos; e 5ª. Demanda dos consumidores. Outra pesquisa, "Gestão Ambiental na Indústria Brasileira" realizada em 1998 pela Confederação Nacional da Indústria – CNI, Banco Nacional de Desenvolvimento Econômico e Social – BNDES, e pelo Serviço Brasileiro de Apoio a Pequenas e Médias Empresas – SEBRAE, envolveu 1451 empresas de todo país, de todos os setores e tamanhos. Os resultados revelaram que as exigências legais ambientais são a principal razão para a adoção de práticas ambientais pelas empresas. A redução de custos e a melhoria da imagem das empresas foram também citadas como fatores importantes para os investimentos ambientais.

ODDONE, S. (2004) uma ferramenta de gestão ambiental é a Gestão Ambiental Rentável - GAR, desenvolvido por GTZ/P3U – Programa Piloto para a Promoção da Gestão Ambiental no Setor Privado em Países em via de Desenvolvimento. O objetivo essencial da GAR é a promoção da gestão ambiental em micro, pequena e média empresa de forma que obtenham um triplo ganho, compreendendo: eficiência econômica e competitividade mediante a redução líquida dos custos de produção; incremento do desempenho ambiental mediante a diminuição dos insumos, desperdícios, resíduos sólidos, líquidos e das emissões atmosféricas; e melhoria da capacidade organizacional para a implementação exitosa de mudanças. Esta ferramenta apresenta uma tendência para obtenção dos seguintes resultados: benefícios econômicos, benefícios ambientais, benefícios sociais e de seguridade.

Em 2007, participei como delegado da Federação das Indústrias do Estado de Mato Grosso na I Conferência da Indústria Brasileira para o Meio Ambiente – I CIBMA promovida pela Conferência Nacional da Indústria – CNI, com o apoio da Federação das Indústrias do Estado de São Paulo – FIESP. Nesta I CIBMA, os delegados das federações e associações de indústria do País debateram as questões ambientais relativas ao setor produtivo. Na agenda estruturante o tópico de Normas de Gestão Ambiental, que são os regulamentos técnicos, elaborados internacionalmente, com objetivo de harmonizar a abordagem da gestão empresarial ambiental pelas organizações e democratizar o acesso de produtos e serviços das empresas aos mercados exigentes internos e externos. A situação nesta data é que esta ação era incipiente e pouco incentivada no País. As expectativas e proposições foram, dentre outras: disseminação da importância das normas para valorizar os aspectos ambientais dos produtos industriais brasileiros e da gestão empresarial ambiental, interna e externamente; o reconhecimento por parte do poder público das normas técnicas como instrumentos voluntários de gestão ambiental e de melhoria do desempenho ambiental das organizações; e consideração, por parte do poder público, das declarações de conformidade com normas de gestão empresarial ambiental, como critério válido, no âmbito dos procedimentos de verificação da conformidade com requisitos legais ambientais. Outro tópico foi o Sistema de Gestão Ambiental - SGA, entendido como parte do sistema de gestão das empresas, utilizada para desenvolver e implementar a política ambiental e para gerenciar os aspectos ambientais, com o compromisso pela melhoria contínua do desempenho ambiental. A norma internacional ISO 14001é uma das normas que determina requisitos para a implementação de sistemas de gestão ambiental em empresas. A situação encontrada foi que adoção pelas empresas do SGA está no início. A expectativa e proposição primordial é a implementação de sistemas de gestão ambiental, como forma de abordagem integrada e sistêmica do meio ambiente, saúde e segurança nas empresas. Esses sistemas poderão ou não seguir as normas internacionais para a sua implementação.

10.3. Algumas Discussões para o Desenvolvimento do Método de Mensuração para a Internalização dos Custos Ambientais nos Custos dos Bens e Serviços Produzidos

FERREIRA, A. C. S. (2003) conceitua o objeto da mensuração como o evento econômico que deve representar uma decisão tomada. Afirma que as decisões relacionadas com a atividade do meio ambiente estão vinculadas a aspectos operacionais, econômicos e financeiros. A mensuração desses eventos deve:

- Estabelecer como unidade de mensuração a unidade monetária;
- Permitir a avaliação dos ativos pelos benefícios futuros que ele poderá propiciar à entidade;
- Permitir a avaliação de passivos efetivos pelo valor presente da dívida;
- Permitir a previsão de passivos contingentes, pelo valor presente da expectativa de restrições futuras sobre os ativos;
- Representar capitais equivalentes em diferentes datas, permitindo sua comparabilidade;
- Que a moeda esteja isenta das variações em seu poder aquisitivo, ou seja, use taxas de inflação que possam corrigir isso;
- Evidenciar os efeitos do tempo sobre os capitais, aplicando as taxas de juros pertinentes a cada evento;
- Estabelecer um preço de transferência para os serviços prestados ou produtos gerados que venham a ser entregues a terceiros; nesse caso, deve-se utilizar o preço de mercado a vista por um serviço de igual qualidade e especificação;

- Que, para os consumos efetivos, seja utilizado o menor preço de mercado por seu valor a vista, para especificação e qualidade iguais.

Esta mensuração tem a finalidade de poder estabelecer a relação entre os recursos produzidos (bens ou serviços) e os recursos consumidos para sua produção; e que as decisões sejam tomadas respeitando o aspecto ambiental. Ferreira complementa propondo que um modelo de informação deve ter a capacidade de apresentar as informações necessárias à tomada de decisão e à avaliação do desempenho da gestão ambiental. E, também, um modelo de decisão que contemple as seguintes etapas: a existência da ocorrência; a identificação de alternativas; a escolha de uma das alternativas; a decisão de implementar a alternativa.

O Desenvolvimento do Método de Mensuração para a internalização dos custos ambientais nos custos dos bens e serviços produzidos teve como idéia primordial elaborar uma proposta metodológica para mensuração dos custos ambientais, dos ativos e passivos ambientais na contabilidade da empresa. Esta idéia foi concretizada através de uma monografia de conclusão do curso de especialização em Economia do Meio Ambiente ministrado pela Faculdade de Ciências Contábeis, Administração e Economia da Universidade Federal do Estado de Mato Grosso, que elaborei em 1999. O Desenvolvimento do Método fundamentou-se no estudo dos métodos contábeis e métodos de valoração econômica de recursos ambientais existentes pesquisados. Os métodos de valoração ambiental se baseiam na utilização de técnicas de valoração econômica para determinar os custos e benefícios sociais que afetam o consumo da população e seu nível de bem estar. No caso presente a utilização desses métodos tem a finalidade de determinar os custos dos poluentes, dentro dos custos dos bens e serviços produzidos, relativos aos efeitos que causam ao meio ambiente e à população (tanto em termos de danos diretos e indiretos, como também em seu consumo).

Estes métodos foram analisados e verificou-se a possibilidade de sua inter-relação que permitisse a avaliação e a mensuração dos geradores de problemas ambientais de uma empresa. Para tanto havia a necessidade de identificar e correlacionar os problemas ambientais com as atividades desenvolvidas pela empresa. Concomitantemente correlacionar aos problemas ambientais, os poluentes causadores destes problemas. Mas, como mensurar? Então, foi pensado na questão do princípio do poluidor-pagador. O princípio diz que o poluidor deve assumir a responsabilidade do pagamento. Para contemplar este princípio há a necessidade de internalizar os custos dos poluentes (efeitos do ato de poluir) nos custos dos bens produzidos e de uma forma objetiva e racional para ter uma base para o pagamento (ato do pagador). Esta forma poderia ser através de um modelo matemático, uma função matemática, que pudesse trazer para a objetividade a subjetividade, uma característica intrínseca na mensuração das questões ambientais. A mensuração dos problemas ambientais é extremamente importante para ser utilizado como instrumento de gestão ambiental. A sua mensuração dará subsídios para que se desenvolvam medidas minimizadoras dos impactos negativos ao meio ambiente e de evitar danos a terceiros, além da redução dos custos dos bens produzidos. Outra questão pensada para a mensuração foi o aspecto concorrencial entre as empresas. As que não implementam a gestão ambiental concorrem deslealmente com as que implementam. Então, esta questão deverá ser abordada.

O método de mensuração dos custos, ativos e passivos ambientais nas empresas tem que contemplar esses três aspectos econômicos e ambientais das empresas: os problemas ambientais; o princípio poluidor-pagador; e o concorrencial. Estes três aspectos têm que ser considerados no cálculo dos custos dos bens e serviços produzidos pelas empresas de tal modo que as empresas que não utilizem tecnologias e medidas de controle ambiental, procurando minimizar os impactos negativos ao meio ambiente e danos a terceiros, tenham os custos superiores às que utilizem. O procedimento para a internalização dos problemas ambientais no cálculo dos poluentes e das medidas de controle ambiental deve ser através da adoção de uma função matemática, como anteriormente proposto, para permitir a sua concretização. Como conseqüência haverá a necessidade de se determinar as variáveis a serem inseridas nesse cálculo e conceituá-las. Essas variáveis são as ambientais e as econômicas ambientais. Após o desenvolvimento do método de mensuração dos geradores dos problemas ambientais haverá a necessidade da elaboração dos procedimentos para os registros dos fatos contábeis ambientais, de um plano de contas e de um balanço patrimonial ambiental.

O embasamento teórico disponibilizado bem como os métodos de custeio contábeis utilizados na Contabilidade e os métodos de valoração econômica dos recursos ambientais utilizados pela Economia Ambiental permitirão a mensuração das variáveis ambientais e variáveis econômicas ambientais, e a elaboração dos procedimentos para os seus registros contábeis.

Primeiramente há necessidade de conceituarmos a variável ambiental e a variável econômica ambiental (componente da variável ambiental) para possibilitar as suas caracterizações e determinações. Ainda, o conceito de variável econômica, como componente da variável ambiental.

10.4. Conceito de Variável Ambiental

Variável Ambiental (v.a.) é o poluente, um subproduto gerado em qualquer atividade desenvolvida na empresa com o fim de produção de um bem ou serviço (FARIA, J. J. P., 1999). A única alteração que faço neste conceito é o acréscimo do termo econômico e o de serviço (administrativo e/ou prestação de serviço) para englobar todas as atividades desenvolvidas nas empresas. Então, o conceito passa a ser: Variável Ambiental (v.a.) é o poluente, um subproduto gerado em qualquer atividade econômica e de serviço (administrativa e/ou prestação de serviço) desenvolvida na empresa com o fim de produção de um bem ou serviço

10.5. Conceito de Variável Econômica

Variável Econômica (v.e.) é o conjunto de matéria prima, insumos e serviços consumidos (X) durante o processo de geração da variável ambiental (poluente).

10.6. Conceito de Variável Econômica Ambiental

FARIA, J. J. P. (1999) conceituou a variável econômica ambiental (v.e.a) como o dano ou risco causado ao meio ambiente e a terceiros por um poluente; bem como toda medida de controle ambiental tomada para prevenir, corrigir, minimizar ou saná-los.

No novo conceito que proponho de variável econômica ambiental fundamenta-se no modelo da função de produção Y = f (K, L, RA) proposto (item 5 deste livro), que é a base conceitual da Economia Ambiental e da Contabilidade Ambiental. Esta função de produção gera a função produto total Ω = f(P, sP, ϵ, Z), onde Ω = produto total, P = produto, sP = subproduto, ϵ = energia dissipada e Z = variável ambiental = poluente gerado no processo de produção do produto. Com base nesta fundamentação pode-se inferir que a variável econômica ambiental tem que compreender além dos custos ambientais, os direitos e obrigações ambientais da empresa, tanto internos como externos, para que a internalização dos custos ambientais não afetem negativamente o real valor econômico dos custos dos bens e serviços produzidos (ver item 10.7.). Então a Variável Econômica Ambiental (v.e.a.) compreende:

- Os danos ou riscos causados ao meio ambiente e a terceiros (E) por um poluente (variável ambiental);
- Toda medida de controle ambiental (MC) tomada para prevenir, corrigir, minimizar ou saná-los; os investimentos em máquinas, equipamentos, tecnologias preventivas, corretivas e mitigadoras; e os gastos com o sistema de gestão ambiental e serviços;
- Multas e indenizações a terceiros por não cumprimento de conformidades legais ambientais (MI);
- Investimentos em certificados de compensações ambientais (ICCA);

- Investimentos em Projetos Ambientais em bens públicos e em bens privados sem finalidade econômica (IA);
- Reciclagem de resíduos (poluentes) gerados em qualquer atividade desenvolvida na empresa com o fim de produção de um bem ou serviço (RR).

10.7. Método para a Mensuração da Variável Ambiental

As variáveis ambientais foram escolhidas para possibilitar a melhor visualização dos problemas ambientais e poder traçar uma relação causa-efeito entre atividades, poluentes, danos e riscos ambientais para permitir a internalização dos passivos ambientais. Com esse inter-relacionamento ajustam-se as medidas de controle ambiental concernentes a cada atividade promovendo um delineamento lógico da composição das variáveis ambientais envolvidas para determinar a função de dependência ou independência das mesmas relativas ao processo de mensuração.

O método de valoração econômica para mensuração de todas variáveis ambientais a ser aplicado será o Método da Função da Produção (MFP). A v.a na realidade é produto da atividade. Ela é a variável dependente na função de produção, porque ela depende das variáveis independentes que são dadas pela: variável econômica e variáveis econômicas ambientais. Consequentemente é a variável ambiental que deve ser calculada. Por outro lado, a v.a é componente do custo total do produto final a ser obtido para comercialização pela indústria (custo total é a soma do custo de produção mais o custo do poluente). Estes são os fatores de produção que contribuem diretamente no custo do poluente, considerado como um produto resultante da atividade econômica específica. Essa é a grande importância da v.a, o da internalização das externalidades ao sistema econômico (danos ambientais e riscos a terceiros) no custo do bem produzido e serviço. O método contábil selecionado para mensuração a ser aplicado em todas as variáveis ambientais será o do Custeio por Atividades (MCA).

FARIA, J. J. P. (1999) propôs para o cálculo do custo da variável ambiental a utilização do Método da Função de Produção. A função de produção derivada deste método resultou na seguinte expressão geral:

$Z = F(X, E, MC)$, onde:

$Z_{ij} = X_{ij} + E_{ij} - MC_{ij}$

i = refere-se à atividade.

j = refere-se à variável ambiental.

Z_{ij} = variável ambiental (poluente)

X_{ij} = conjunto de bens e serviços consumidos durante o processo de geração da variável ambiental (poluente). O método selecionado para sua mensuração é o Custeio por Atividades.

E_{ij} = danos e riscos ao meio ambiente e a terceiros (v.e.a). Os métodos selecionados são vários, em função de cada variável ambiental (poluente).

Mc_{ij} = medidas de controle ambiental (v.e.a). O método selecionado é o Custeio por Atividades.

Com base nesta função de produção proposta por FARIA, J. J. P. em 1999, na função de produção $Y = f(K, L, RA)$ proposto no item 5 deste livro, e na função produto total $\Omega = f(P, sP, \epsilon, Z)$ – ver subitem anterior, será determinada a função de produção e a função produto para ser utilizada no cálculo dos custos ambientais e custo total de produção de um bem e serviço específico.

A função produto para o custo total do bem e serviço produzido está alicerçada no princípio da conservação da energia e na primeira lei da termodinâmica da conservação da energia. Então, a energia no desenvolvimento da atividade é dada pela energia inicial (Ei), ou seja, na entrada, que é igual à energia final (Ef), na saída. Então, Ei = Ef e aplicando a fórmula resumida da energia (Teoria da Relatividade de Einstein), que é: $E = mc^2/2$ (energia é igual à massa multiplicada pela velocidade da luz ao quadrado, temos que $Ei = m_i c^2/2$ e $Ef = m_f c^2/2$, que resulta em $m_i = m_f$, onde mi = massa inicial da atividade e mf = massa final da atividade. As equações da massa inicial e da massa final podem ser escritas da seguinte forma:

(1) mi = mmp + mins + me + ma

mmp = massa das matérias primas consumidas na atividade;

mins = massa dos insumos consumidas na atividade;

me = massa da energia consumidas na atividade;

ma = massa da água consumidas na atividade.

(2) mf = amp + bmsp + cmva + ded

mp = massa do produto gerado pela atividade;

msp = massa do subproduto gerado na atividade;

mva = massa da variável ambiental gerada na atividade;

ed = energia dissipada;

a, b, c e **d** = coeficientes de proporcionalidade (baseado na estequiometria que é a teoria das proporções nas quais as espécies químicas se combinam), significam a participação de cada fator na produção. A exceção é relativa ao coeficiente de proporcionalidade da variável ambiental, que somente se refere à sua variável econômica.

O cálculo do fluxo de energia, consequentemente, do fluxo de massa no desenvolvimento da atividade econômica ambiental (ver conceito no item 12.1.) permitirá o cálculo do custo total de produção. Para este cálculo será utilizado o cálculo dos custos proporcionais, dado pelos coeficientes de proporcionalidade dos produtos, subprodutos, dos poluentes e da energia dissipada para o meio ambiente (que pode se perder até para fora do Planeta). A técnica a ser utilizada é o balanço de massa dos componentes, onde se mede as massas dos componentes na entrada e na saída. O custo da atividade inicial, que equivale ao custo de produção total, é igual ao custo final da atividade, equivalente aos custos dos produtos, subprodutos, custos dos poluentes e do custo da energia dissipada. As equações do custo da atividade inicial e final podem ser escritas:

(3) **CAi = CPT = Cmp + Cins + Ce + Ca + Cadm**

CAi = custo inicial da atividade = **CPT** = custo de produção total

Cmp = custo das matérias primas

Cins = custo dos insumos

Ce = custo da energia elétrica

Ca = custo da água

Cadm = custo administrativo

(4) CAf = aCp + bCsp + cCva + dCed

CAf = custo final da atividade

Cp = custo dos produtos

Csb = custos dos subprodutos

Cva = custo da variável ambiental

Ced = custo da energia dissipada

a, b, c e **d** = coeficientes de proporcionalidade. Significa a participação de cada fator na produção. A exceção é relativa ao coeficiente de proporcionalidade da variável ambiental, que somente se refere à sua variável econômica.

A variável ambiental é função da variável econômica (cX), onde *c* é o coeficiente de proporcionalidade obtido no balanço de massa para determinação da participação da variável ambiental no processo de produção relativo à X, e das variáveis econômicas ambientais (E, MI, MC, ICCA, IA, RR) – para saber os significados de cada variável ver a função de produção proposta para a mensuração dos custos ambientais. A função da variável ambiental é: **Z = f(cX, E, MI, MC, ICCA, IA, RR)**, equivalente à expressão matemática: **Z = cX + E + MI - MC - ICCA - IA – RR**. No cálculo da variável ambiental deve-se obedecer à seguinte condição: **cX + E + MI ≥ MC + ICCA + IA**. Esta condição significa que o custo da variável ambiental não pode ser menor que zero porque senão se estará diminuindo o custo dos bens produzidos, afetando os custos dos fatores econômicos de produção. No caso da empresa apresentar a condição: **cX+ E + MI ≤ MC + ICCA + IA + RR**, poderá fazer a emissão de certificados de compensação ambiental (ECCA) até que a igualdade se estabeleça, ou seja, **ECCA = (MC + ICCA + IA + RR) - (cX+ E + MI)** equivalente a **MC + ICCA + IA + RR = cX+ E + MI.**

Finalmente podemos concluir que o custo de produção total do bem e serviço produzido (CPT) é igual ao custo econômico do produto (CP) mais o custo ambiental do poluente (va), ou seja: **CPT = CP + Z**. A apropriação do custo ambiental no custo total do bem produzido ou serviço pode ser de duas maneiras: uma total no custo do bem produzido ou serviço; outra parcial considerando a participação do produto no resultado final da atividade, ou seja, da produção. A energia dissipada será considerada como perda e apropriada proporcionalmente à participação do produto e subproduto. As variáveis econômicas ambientais **ICCA e IA,** são variáveis que têm um impacto global, ou melhor, dão uma contribuição genérica para a empresa, então, entendemos que elas têm que ser calculadas e incorporadas diretamente no momento de sua internalização ao custo do bem e serviço produzido. Neste momento o conjunto de variáveis ambientais que compõe o custo de produção de um determinado produto é calculado, ou seja, somado. Então, as expressões matemáticas correspondentes serão: **$Z_p = \sum Z_{np} + \sum ICCA\omega_p + \sum IA\psi_p$**, onde: **$Z_p$** = custo total da variável ambiental de um determinado produto específico; **Z_{np}** = custo total das n variáveis ambientais componentes deste produto específico p; **$ICCA_p$** = custo proporcional total desta variável econômica de p; **IA_p** = custo proporcional desta variável econômica referente a p. Os coeficientes de proporcionalidade ω e ψ destas variáveis econômicas ambientais significam a participação da massa do produto específico na massa de todos os produtos da empresa. Então, cada componente de Z_{np} será dada pela expressão resumida (r) da variável ambiental, ou seja: **Z_r = cX + E + MI - MC – RR.**

É relevante observar que os seguros ambientais não foram inseridos na função de produção para o cálculo da variável ambiental porque não produzem resultado para diminuir ou aumentar o efeito causado pelo poluente. Outra observação é com referência aos impostos e contribuições componentes dos produtos recicláveis, medidas de controle ambiental e outros, porque na realidade já estão inclusos nos custos.

Portanto, o cálculo do custo de produção total do bem e serviço com a internalização dos custos ambientais obedecerá às funções, equações, e condições explicitadas acima. O método de valoração econômica a ser aplicado para o cálculo do custo da variável ambiental será o Método da Função de Produção. A função de produção a ser utilizada, baseada na função proposta por FARIA, J. J. P. em 1999 será dada pela função e equação geral (já desenvolvida e acima explicitada):

Z = F(X, E, MI, MC, ICCA, IA, RR), onde:

Z_{ij} = cX_{ij} + E_{ij} + MI$_{ij}$ - MC$_{ij}$ - ICCA$_{ij}$ - IA$_{ij}$ – RR$_{ij}$

i = refere-se à atividade.

j = refere-se à variável ambiental.

Z_{ij} = variável ambiental (poluente)

cX_{ij} = custo proporcional das matérias primas, dos insumos utilizados no processo de produção, das tecnologias de processamento, da mão de obra operacional e dos serviços administrativos consumidos durante o processo de geração do poluente. Os métodos selecionados para sua mensuração são:

Custeio por Atividades (MCA), Custeio por Processo (MCP) e Custeio por Absorção (MCab).

Eij = custos dos danos ou riscos causados ao meio ambiente e a terceiros por um poluente. Os métodos selecionados são vários, em função de cada variável ambiental.

MIij = custo referente às multas e indenizações a terceiros por não cumprimento de conformidades legais ambientais. O método selecionado é o Custeio por Atividades e/ou Custeio por Processo.

MCij = custo de toda medida de controle ambiental tomada para prevenir, corrigir, minimizar ou sanar os danos ou riscos causados ao meio ambiente e a terceiros por um poluente. Compreendem os investimentos em máquinas, equipamentos, tecnologias preventivas, corretivas e mitigadoras e os gastos com sistema de gestão ambiental e serviços. O método selecionado é o Custeio por Atividades e/ou Custeio por Processo.

ICCAij = custo dos investimentos em certificados de compensações ambientais ou em quaisquer tipos de certificados negociáveis. O método selecionado é o Custeio por Atividades e/ou Custeio por Processo.

IAij = custo dos investimentos em projetos ambientais em bens públicos e em bens privados sem finalidade econômica. O método selecionado é o Custeio por Atividades e/ou Custeio por Processo.

RRij = receita líquida apurada pela diferença entre receita com a venda dos resíduos (poluentes), gerados em qualquer atividade econômica desenvolvida na empresa com o fim de produção de um bem ou serviço, reciclados e o custo para a sua reciclagem. O método selecionado é o Custeio por Atividades e/ou Custeio por Processo.

Com base nos procedimentos para os registros contábeis dos fatos contábeis ambientais (item 10.9.2.) iremos determinar se as variáveis econômicas entram somando ou diminuindo na função de produção no cálculo da variável ambiental.

– A variável econômica **cXij** entra somando porque a v.a. é uma conta do passivo ambiental, e seu efeito é de aumentá-lo – significa sinal positivo na função, consequentemente deve ser creditada. Além de compor os fatores de produção utilizados na atividade para gerar o produto v.a.

– A variável econômica ambiental **Eij** é a variável correspondente aos custos ambientais referente às externalidades que a v.a gera ao meio ambiente e a terceiros. Ela entra somando por ser mais um componente nos custos de formação de Zij, que é uma conta do passivo ambiental, então, como Eij entra aumentando, consequentemente, deve ser creditada; e, ainda, com base no princípio do poluidor-pagador de que quem polui deve pagar, ou seja, que quem causa danos ao meio ambiente e a terceiros deve pagar essa externalidade ao sistema econômico (quando todos pagam a conta – há socialização do prejuízo). Dessa forma há a internalização desse significativo custo ambiental componente do passivo ambiental.

– A variável econômica ambiental **MIij** é uma conta do passivo, entra aumentando e deve ser creditada, sinal positivo na função.

– A variável econômica ambiental **MCij**, medida de controle ambiental, entra subtraindo porque a sua atuação efetiva é na minimização da variável Eij, então, como a v.a é uma conta do passivo ambiental, e a MC entra diminuindo este passivo, consequentemente, deverá ser debitada.

− A variável econômica ambiental **ICCij** entra subtraindo porque a v.a. é uma conta do passivo ambiental, e seu efeito é de diminuí-lo, consequentemente deve ser debitada.

− A variável econômica ambiental **IAij** também entra subtraindo porque a v.a. é uma conta do passivo ambiental, e seu efeito é de diminuí-lo, consequentemente deve ser debitada.

− A variável econômica ambiental **RRij**, da mesma forma que a anterior, deve ser debitada.

10.8. Métodos para a Mensuração das Variáveis Econômicas Ambientais

Para mensuração da variável econômica ambiental **Eij** serão utilizados vários métodos de valoração da economia ambiental, de acordo com as características intrínsecas de cada uma relativa a cada v.a, como por exemplo: Método da Produtividade Marginal (MPM); Método dos Preços Hedônicos (MPH); Método da Valoração Contingente (MVC); Método da Produção Sacrificada (MPS). Ver Quadro IV. O método contábil a ser utilizado é o do Custeio por Atividades.

Para mensuração das variáveis econômicas ambientais **MIij, MCij, ICCAij, IAij e RRij** serão utilizados os métodos contábeis de Custeio por Atividades e/ou Custeio por Processo.

10.9. Procedimentos para os Registros dos Fatos Contábeis Ambientais na Empresa

Para a elaboração dos procedimentos para os registros dos fatos contábeis ambientais na empresa faz-se necessário verificarmos algumas fundamentações teóricas na contabilidade convencional e no arcabouço teórico que está sendo desenvolvido para institucionalização da metodologia da Contabilidade Ambiental.

10.9.1. Fundamentações teóricas para os Procedimentos para os Registros dos Fatos Contábeis Ambientais na Empresa

IUDÍCIBUS, S. et al. (1.980) afirma que o método universalmente aceito para o registro contábil de qualquer operação implica que a um débito ou a mais de um débito, numa ou mais contas, deve corresponder um crédito equivalente em uma ou mais contas, de forma que a soma dos valores debitados seja sempre igual à soma dos valores creditados. "Não há débito(s) sem crédito(s) correspondente(s)." Este é o Método das Partidas Dobradas. Todos os registros são feitos em Contas, e as Contas podem ser do Ativo ou do Passivo.

TINOCO, J. E. P. (1.994) fez um comentário sobre a mensuração do Valor Adicionado Negativo (conceito que surgiu inicialmente na França e Países Baixos, em contraposição ao Valor Adicionado gerado pelas empresas), que tem como fulcro central o montante de gastos que as empresas deveriam realizar para restabelecer o meio ambiente que elas degradam. E face a esta degradação, as empresas devem reconhecer a existência de uma nova provisão, da mesma forma que contabilizam outros tipos de provisões, que pode ser denominada *provisão ambiental*. A contabilização, ainda não obrigatória, é o problema para a Contabilidade. Assim, com que bases de avaliação devem os contadores trabalhar? Os auditores deverão seguir que orientação, para emitir pareceres sobre as demonstrações contábeis?

MARTINS, E. e RIBEIRO, M. S. (1.995) mencionam no tópico sobre Procedimentos Contábeis Aplicáveis, que os princípios contábeis, na forma em que estão definidos atualmente, não são estimulantes para o desenvolvimento da Contabilidade sob o aspecto de Responsabilidade Social, principalmente relativo às convenções da objetividade e do conservadorismo e ao princípio contábil da confrontação de receitas e despesas. Consideram este último problemático devido à dificuldade de mensuração de custos e receitas dentro do mesmo período de competência, porque, em alguns casos pelo fato dos desembolsos ocorrerem em momentos distintos ao da realização das receitas, não há elementos para estimativas dos gastos a serem efetivamente incorridos na área ambiental, devido às suas peculiaridades específicas e aos aspectos exógenos envolvidos, como mudanças climáticas de um período a outro, diferenças nas tecnologias utilizadas entre as empresas, além do porte de cada uma. No caso das Convenções do Conservadorismo e Objetividade os problemas são gerados na atribuição e credibilidade dos valores, essencialmente nas discussões sobre os benefícios e as responsabilidades sociais da entidade. Em contraposição, a Convenção da Materialidade vem exigir, ainda que de forma implícita, que os gastos ambientais sejam considerados pela Contabilidade em função de sua influência e materialidade para o usuário, respeitando a relação custo-benefício.

FERREIRA, A. C. S. (1.995) citando IUDÍCIBUS, que cita MOONITZ, coloca que a Entidade é a unidade econômica que tem controle sobre recursos, aceita a responsabilidade por tarefas que conduza à atividade econômica. O mesmo autor conceitua a Contabilidade como empreendimentos em andamento, e, como tais, seus ativos devem ser avaliados de acordo com a potencialidade que tem de gerar benefícios futuros para a empresa. Ela comenta, também, que a Continuidade é o postulado que direciona a entidade para o futuro, para o desenvolvimento, para o crescimento. Para a Contabilidade realizar a mensuração dos fatos econômicos, é condição *sine qua non* que a entidade tenha intenção e possibilidade de continuar existindo, ou seja, sua existência está intrinsecamente ligada à sua capacidade de gerar benefícios futuros. Afirma a necessidade de pesquisar até que ponto a Contabilidade está atendendo ao seu princípio maior, Continuidade da Entidade, não a empresa, e sim, numa visão ampla, a entidade Terra, através do fornecimento de informações que permitam verificar os custos relacionados ao processo produtivo e que significam o consumo de recursos na produção de novos recursos. Destaco a sua opinião de que é preciso identificar, registrar e mensurar os impactos ecológicos causados por processos produtivos no momento em que ocorrem. O registro, apenas, de contingências ambientais passivas demonstra o fato consumado, uma ação passiva diante da gravidade do problema.

O Conselho Federal de Contabilidade publicou a Resolução CFC N.º 750/93, que dispõe sobre os Princípios Fundamentais de Contabilidade, e a sua observância é obrigatória e constitui condição de legitimidade das Normas Brasileiras de Contabilidade (NBC). Os Princípios Fundamentais de Contabilidade representam a essência das doutrinas e teorias relativas à Ciência da Contabilidade. São Princípios Fundamentais de Contabilidade os da: entidade; continuidade; oportunidade; registro pelo valor original; atualização monetária; competência e prudência.

KROETZ (2001) comenta que para a Contabilidade de Custos alguns princípios têm maior relevância, já que se referem às variáveis trabalhadas por este sistema. Dentre eles existe um princípio específico da Contabilidade de Custos, que é de extrema importância para os desenvolvimentos dos estudos e processos desta especialidade. Este princípio específico é denominado de Princípio da Causação. O Princípio da causação ordena que o agente causador da consumação ocorrida, correspondente a determinada variação patrimonial qualitativa, seja debitado pelo respectivo valor. Noutras palavras, os custos devem ser atribuídos a quem competem: quem causou o custo deve arcar com ele. O princípio causal é o fator mais significativo na avaliação qualitativa dos sistemas de custeio, pois, quanto maior for a sua observância, mais perfeito será o sistema, portanto mais precisa será a expressão quantitativa dos ativos envolvidos e, consequentemente, o próprio resultado do período. Dos mais relevantes princípios fundamentais têm-se o princípio da entidade. Este princípio reconhece que se deve distinguir o capital dos sócios do capital da entidade. O princípio da competência refere-se às receitas e despesas, conforme apresenta a redação original em seu artigo nono da Resolução 750/93. Qual seja, as receitas e despesas devem ser incluídas na apuração do resultado do período em que ocorrer, sempre simultaneamente quando se correlacionarem, independentemente de recebimento ou pagamento. O Princípio da Competência determina quando as alterações no ativo ou no passivo resultam em aumento ou diminuição no Patrimônio Líquido (fato contábil modificativo), estabelecendo diretrizes para a classificação das mutações patrimoniais, resultantes da observação do Princípio da Oportunidade, o reconhecimento simultâneo das receitas e despesas. Pelo Princípio da Competência, fica definido o momento do reconhecimento da receita e da despesa. O Princípio do Registro pelo Valor Original refere a que os componentes do patrimônio devem ser registrados pelos valores originais das transações com o mundo exterior, expressos em valor presente na moeda do País, que serão mantidos na avaliação das variações patrimoniais posteriores, inclusive quando configurarem agregação ou decomposição no interior da Entidade. O Princípio da Prudência determina a adoção do menor valor para os componentes do ativo e do maior para os Passivos, sempre que se apresentarem alternativas igualmente válidas para as quantificações patrimoniais que alterem o Patrimônio Líquido. Este princípio é importante na Contabilidade de Custos, pois estabelece que em caso de dúvida deve-se observar a alternativa que resultar no menor patrimônio líquido, influenciando diretamente nos processos de cálculo de custos. Ainda, este autor comenta sobre algumas convenções relevantes para a contabilidade de custos. As convenções podem ser entendidas como acordos entre estudiosos, os quais procuram unificar determinados procedimentos, em caso de não serem estes atendidos pelos princípios fundamentais da contabilidade. A convenção da consistência é o ato ou efeito de manter, coerentemente, os princípios e preceitos técnicos adotados contabilmente, de modo que possibilite comparações. Quando existem diversas alternativas para o registro contábil de um mesmo evento, todas válidas dentro dos princípios, a empresa deve adotar a mais consistente. Isso significa que, a alternativa adotada deve ser utilizada sempre, não podendo a entidade mudar o critério em cada exercício. Quando houver interesse ou necessidade dessa mudança de procedimento, a entidade deve reportar nas notas explicativas o fato e o valor da diferença no lucro com relação ao que seria obtido se não houvesse a quebra da consistência. A convenção do conservadorismo é quase que uma regra comportamental, apresentada no Princípio da Prudência, o conservadorismo obriga a adoção de um espírito de precaução por parte do contador. Quando ele tiver dúvida no tratamento de um determinado gasto como ativo ou como redução no patrimônio liquido, deve optar pela forma de maior precaução, ou seja, pela segunda. A convenção da materialidade é a doutrina pela qual o Contador deve preocupar com o que é material, ou seja, analisando o custo-benefício, observando se o procedimento deve ou não ser realizado. Considera esta convenção contábil como de extrema importância para os custos, desobrigando de um tratamento mais rigoroso para aqueles itens cujo valor monetário é pequeno dentro dos gastos totais. A convenção da objetividade prevê que todos os valores apropriados ao custo da produção devem estar suportados: por documentos que comprovem a natureza e o valor do registro; ou por critérios objetivos, principalmente, na determinação dos rateios de custos indiretos; ou por critérios geralmente aceitos pela classe contábil, como, por exemplo, a adoção da vida média estimada para cálculo da depreciação.

      O IBRACON, através da NPA-11, propõe que devem ser registrados nos Ativos Ambientais como imobilizado: os equipamentos adquiridos visando à eliminação ou redução de agentes poluente, com vida útil superior a um ano; no Ativo Diferido: os gastos com pesquisas e desenvolvimento de tecnologias a médio e longo prazos, se envolverem benefícios e ação que se reflitam por exercícios futuros; Estoques: quando relacionados com insumos do processo de eliminação dos níveis de poluição. E fazem parte do ativo ambiental: empregos e impostos gerados, obras de infra-estrutura local, escolas, creches, áreas verdes e ajardinadas; enfim buscando o desenvolvimento e a valorização da região, e que eliminando o Passivo Ambiental, a empresa produz ativos no local. Deve-se registrar no Passivo Ambiental o valor dos investimentos necessários para reabilitar o meio ambiente, devido à agressão causada pela empresa quando não dispõe de nenhum projeto para sua recuperação, aprovado oficialmente ou de sua própria decisão; multas e indenizações em potencial; riscos de paralisações temporárias ou permanente dos negócios por ações judiciais, etc. O instrumento básico que eliminará o passivo é o Plano Diretor de Meio Ambiente, demonstrando os impactos ambientais e os cronogramas físicos e financeiros do plano de controle, que deverá ser submetido aos órgãos fiscalizadores do Meio Ambiente.

COULSON (1.998) faz observações quanto ao reconhecimento de um Passivo Ambiental: um passivo ambiental normalmente seria reconhecido quando há uma obrigação na parte da empresa que incorre num custo ambiental. As diretrizes do ISAR preconizam que uma obrigação não tem que ser legalmente executável para um passivo ambiental ser reconhecido. Uma empresa tem uma obrigação construtiva para incorrer num custo. Uma obrigação legal: uma empresa pode ser requerida pela legislação (ou condições contratuais) para limpar uma contaminação. Uma obrigação construtiva: uma empresa é obrigada a limpar uma contaminação dentro de uma obrigação inserida nas suas Demonstrações de Política Gerencial ou intenção, tais como, uma declaração pública; práticas industriais padronizadas; e expectativas públicas.

10.9.2. Proposição de Procedimentos para a Contabilização dos Fatos Contábeis Ambientais na Contabilidade Ambiental da Empresa

O Método das Partidas Dobradas, a todo débito corresponde um crédito, é o método básico dos procedimentos para os registros contábeis praticados na Contabilidade e deverá ser aplicado normalmente na Contabilidade Ambiental para o registro dos fatos contábeis ambientais. O registro de operações ambientais implica em débitos em uma ou mais contas ambientais que devem corresponder a créditos em uma ou mais contas ambientais de tal modo que os valores debitados sejam iguais aos valores correspondentes creditados.

As operações ambientais ocasionam aumento ou diminuições tanto no Ativo Ambiental quanto no Passivo Ambiental. Esses aumentos ou diminuições são registrados em Contas Ambientais, e todos os livros para os registros dos fatos contábeis ambientais são os mesmos da Contabilidade: o livro Razão; o livro Diário; os livros auxiliares do Razão necessários; a elaboração dos demonstrativos chamados Balancetes de Verificação do Razão, ou de Verificação, que podem ser cognominados de ambientais.

As Contas do Ativo Ambiental, os bens e direitos, devem sempre apresentar saldos devedores no lado esquerdo (lado esquerdo: débito - aumentos e lado direito: crédito - diminuições). Uma empresa possui bens e direitos ou não possui. Não existem bens e direitos negativos. Analogamente, uma empresa possui bens e direitos ambientais ou não possui. As contas do Ativo Ambiental possuem saldo devedor ou saldo nulo.

As Contas do Passivo Ambiental, as obrigações, ao contrário das contas do Ativo, devem sempre apresentar saldos credores no lado direito (lado esquerdo: débito - diminuições e lado direito: crédito - aumentos). Dessa forma deverão ser registrados as Contas Passivas Ambientais. Uma empresa tem ou não obrigações, não existem obrigações negativas (com saldos devedores).

As Contas do Ativo e do Passivo Ambientais devem ser apresentadas na forma de um Balanço Patrimonial Ambiental, similar ao Balanço Patrimonial tradicional. O Balanço Patrimonial Ambiental interessa aos administradores, acionistas, aos órgãos governamentais (em especial, às com atribuições de controle ambiental), às entidades não governamentais (principalmente às cognominadas de ambientalistas), instituições financeiras, etc. Esse balanço poderá ser trimestral, semestral ou anual, conforme o caso, de acordo com a necessidade, interesses e porte da empresa.

Notem bem, a função de produção proposta para o cálculo dos custos ambientais e que permitem calcular os ativos e passivos ambientais das empresas podem apresentar os seus resultados de forma integrada ao Balanço Patrimonial e Demonstrações dos Resultados convencionais. Isto porque os custos ambientais estão internalizados aos custos dos bens e serviços produzidos.

Portanto, as duas formas de apresentação dos fatos contábeis ambientais nas contas podem ser utilizadas. Sugerimos que, no segundo caso, os procedimentos para os registros dos fatos contábeis geradores dos custos, ativos e passivos ambientais devem ser discorridos nas Notas Explicativas.

11. APLICAÇÃO DA PROPOSTA DO MÉTODO DE MENSURAÇÃO PARA A INTERNALIZAÇÃO DOS CUSTOS, ATIVOS E PASSIVOS AMBIENTAIS NAS EMPRESAS: ESTUDO DE CASO NAS INDÚSTRIAS DO RAMO DE BEBIDAS

Para verificar a aplicabilidade da proposta do método para a mensuração dos custos, ativos e passivos ambientais nos basearemos no trabalho de FARIA, J. J. P. em 1999 que foi um estudo de caso realizado numa grande indústria no ramo de bebidas. O estudo serve de base para a aplicabilidade em qualquer outro tipo de empresa, desde que se considerem as suas especificidades. A amostra, não específica, foi uma indústria de produção de cervejas e refrigerantes localizada em Cuiabá no Estado de Mato Grosso. O primeiro passo foi identificar as atividades desenvolvidas, os problemas ambientais existentes, os poluentes causadores desses problemas por atividade, os danos potenciais causados ao meio ambiente, os seus indicadores para mensuração, e as medidas de controle para minimizar a sua geração, bem como para minimizar os seus impactos negativos ao meio ambiente e a terceiros. Na identificação, foram observados prioritariamente os problemas ambientais causados pelos poluentes gerados em algumas atividades diretamente e indiretamente envolvidas no processo de fabricação de cervejas durante e no final das atividades. Os danos e riscos ambientais que os poluentes causam ao meio ambiente e aos seres vivos, em especial ao homem.

Os poluentes, necessariamente, não foram todos os existentes bem como nem todos os danos e riscos ambientais, mas os mais relevantes. Não houve uma acuidade na precisão de todos porque o objetivo é a verificação da validade da aplicabilidade da proposta metodológica, e não a sua implantação. Portanto, para essa finalidade, os resultados não serão prejudicados, nem a sua discussão, nem as suas considerações finais, recomendações ou sugestões.

11.1. Diagnóstico Ambiental da Empresa do Ramo de Bebidas

11.1.1. Diagnóstico das Atividades Econômicas Ambientais da Empresa do Ramo de Bebidas

O diagnóstico das atividades econômicas ambientais (ver conceito no item 13.1) da empresa obedeceu ao princípio conceitual de BRINSON (1994): *"A análise de atividades baseada na observação de que um sistema inteiro é muito grande para gerenciar, mas seus componentes individuais não".* Por analogia ao predito neste conceito restringiremos somente a algumas atividades da empresa. Essas atividades servirão para a demonstração da aplicabilidade do Método de Mensuração dos Custos, Ativos e Passivos Ambientais. Não haverá comprometimento dos resultados, como afirmado anteriormente.

Algumas atividades econômicas ambientais desenvolvidas na área da indústria para a produção de cervejas:

ALGUMAS ATIVIDADES ECONÔMICAS AMBIENTAIS PARA A PRODUÇÃO DE CERVEJAS NUMA EMPRESA NO RAMO DE BEBIDAS	
1	Silos (Matérias Primas)
2	Cozimento
3	Adegas
4	Filtração
5	Laboratório
6	Ambulatório
7	Refeitório
8	ETE
9	Utilidades
10	Engarrafamento
11	Captação de Água
12	ETA
13	Segurança, Higiene e Trabalho

11.1.2. Diagnóstico dos Problemas Ambientais, Poluentes, Efeitos, Danos Potenciais ao Meio Ambiente relacionados às Atividades Econômicas Ambientais da Empresa do Ramo de Bebidas

Foram diagnosticados os problemas ambientais, poluentes (variável ambiental), efeitos e os danos ambientais ao meio ambiente (variável econômica ambiental) em cada atividade econômica ambiental para a produção de cervejas.

Foi elaborada a Matriz de Correlação das atividades econômicas ambientais desenvolvidas na indústria com os problemas ambientais, e poluentes (QUADRO I, em anexo). Outra Matriz de Correlação elaborada correlaciona as atividades econômicas ambientais por poluente, com os efeitos e danos potenciais ao meio ambiente causados pelos poluentes (QUADRO II em anexo). Estas matrizes de correlação foram propostas por FARIA, J. J. P. em 1999. Uma sinopse do resultado do Diagnóstico Ambiental, correlacionando os principais problemas ambientais aos danos ambientais, está demonstrada no QUADRO VI em anexo, também proposta por FARIA, J. J. P. em 1999.

A indústria no ramo de bebidas, na produção de cervejas, apresenta três tipos de categorias de problemas ambientais existentes (Quadro I): poluição do ar, poluição das águas e do solo. Destes, o que mais ocorre nas atividades econômicas ambientais estudadas é a poluição das águas (40 %), a segunda em ocorrência é a poluição dos solos (35 %) e a poluição do ar é a terceira (25 %). Considerando os poluentes produzidos por estas atividades desenvolvidas na empresa temos que: 51,4 % dos poluentes produzidos causam poluição nas águas; 27 % nos solos e 21,6 % no ar. Mas, dos problemas ambientais, o mais agravante para a saúde do homem é a poluição do ar, que pode causar morbidade e mortalidade humana. A poluição das águas seria muito agravante, mas as grandes empresas do ramo de bebidas já dispõem de estações de tratamentos de efluentes industriais (ETE), que minimizam este problema ambiental.

A poluição das águas é um grande problema ambiental por afetar a saúde humana, a qualidade das águas e a produtividade da vida aquática. Na saúde, a poluição contribui negativamente para causar anualmente milhões de mortes e doenças. A escassez de água resulta em higiene doméstica precária e em riscos para a saúde. Estes efeitos podem ser extensivos à fauna e animais domésticos que utilizam das águas poluídas para beberem. A depleção das águas afeta a produtividade, resultando na diminuição da pesca, em função da mortalidade e queda da capacidade reprodutiva dos peixes. A qualidade da água diminui a disponibilidade de água potável, acarretando maiores custos para o município com a captação e distribuição de água potável, desperdício de tempo, principalmente para as famílias da zona rural e aumento do risco para a saúde humana e para a dos animais de criação a finalidade de produção de carne e leite. O esgotamento dos aqüíferos afeta a disponibilidade de água para o desenvolvimento das atividades antrópicas com a finalidade de prover alimentos para a população. O solo sofre compactação, perda de umidade, diminuindo a capacidade de disponibilização de nutrientes para as plantas. As atividades econômicas ficam restritas pela escassez de água.

      A poluição do solo pelos resíduos sólidos e tóxicos produz efeitos à saúde: os resíduos sólidos em decomposição propagam doenças e obstruem esgotos. Os resíduos tóxicos representam, em geral, riscos localizados, mas de alta gravidade. A produtividade pode ser afetada, muitas vezes devido ao solo tornar-se improdutivo pela alta toxicidade e pode haver a poluição dos lençóis freáticos.

      A poluição do ar produz efeitos agudos e crônicos à saúde. Os níveis excessivos de matéria particulada nas zonas urbanas podem resultar em mortes prematuras, tosses crônicas em crianças, doenças pulmonares, etc.; nas zonas rurais pode afetar a produtividade das lavouras devido à deposição de matéria particulada nas folhas e a chuvas ácidas; e afeta também florestas, lagos e rios.

Estes efeitos são de caráter genérico. A análise deve ser realizada na área do entorno da empresa, onde são melhores visualizados e a grande distância, de uma forma global baseando-se nos efeitos genéricos, adotando indicadores e parâmetros que possibilitem calcular o dano gerado.

No caso da empresa de bebidas, atualmente, elas, atendendo as legislações ambientais, utilizam estações de tratamento de efluentes para evitar a poluição das águas. Os danos e riscos ambientais aos corpos d'águas são minimizados ou praticamente evitados, inclusive retornando parte da água servida, após tratada, para o corpo d'água. Não havendo estação de tratamento de efluentes e se houver - em caso de acidentes, causadas pelos diversos poluentes produzidos pelas indústrias de bebidas podem ser visualizadas no Quadro II. Citaremos os efeitos principais: a demanda por oxigenação maior que a capacidade de reoxigenação do corpo dágua resulta em situação anaeróbica; alteração do pH; eutrofização pode causar depleção de oxigênio; danos à flora e fauna aquática existentes e ao homem; a impermeabilização da água superficial impedindo a interação entre os organismos e seu meio; alteração do regime de vazão do corpo dágua; assoreamento, etc. Alguns danos potenciais como consequência desses efeitos: mortalidade de peixes; água imprópria para o consumo; perda de produção de peixes; aumento de custo de tratamento dágua para abastecimento; mudanças no equilíbrio ecológico aquático; odor fétido e repugnante; carcinogênese; doenças; intoxicações; morte por asfixia; morbidade; redução da biodiversidade da flora e fauna existentes, etc.

A poluição do solo genericamente produzirá os seguintes efeitos: aumento dos teores de sílica, alumínio, Fe, Ca, Mg, Na e K no solo; e presença de contaminantes patogênicos aos seres vivos. Os danos potenciais: toxidez do alumínio no solo; e perda de produtividade do solo.

A poluição do ar genericamente produzirá os seguintes efeitos: chuvas ácidas e oxidantes fotoquímicos; produção de gases tóxicos pela incineração licenciada de resíduos; produção de gases na estação de tratamento de efluentes; materiais particulados em suspensão no ar. Os danos potenciais: diminuição da capacidade respiratória; doenças respiratórias; stress fisiológico em pessoas com doenças do coração; mortalidade; lesões e necroses nas folhas das plantas; perda de produção e de produtividade; irritação nos olhos.

É necessário que tenhamos indicadores dos danos causados pelos poluentes (v.a) para que sirvam de parâmetros de mensuração (ver Quadro V): DBO - Demanda Bioquímica por Oxigênio; série histórica de produção de peixes do corpo dágua; concentração de alumínio; concentração de gases; concentração de mercúrio; valor presente da renda futura da pessoa de idade x; densidade de ocupação da área do entorno; séries históricas de vazões dos cursos d'águas; etc.

11.1.3. Diagnóstico das medidas de controle ambiental (variável econômica ambiental) utilizadas pela empresa do ramo de bebidas

Foram diagnosticadas as medidas de controle ambiental relativas aos poluentes por atividade econômica ambiental da empresa. Foi elaborada uma Matriz de Correlação entre os poluentes (variável ambiental) dentro de cada atividade e as medidas de controle ambiental (variável econômica ambiental) utilizadas ou que possam ser utilizadas no controle dos poluentes para minimizar os impactos negativos ao meio ambiente, conforme QUADRO III, em anexo, elaboradas em 1999 por FARIA, J. J. P.

11.2. Determinação dos Métodos de Mensuração das Variáveis Econômicas Ambientais da Empresa do Ramo de Bebidas

Para as variáveis econômicas ambientais da empresa do ramo de bebidas serão utilizados os métodos contábeis e métodos de valoração dos recursos ambientais, conforme previsto no item 10.8.

11.3. Determinação dos Indicadores para a Variável Econômica Ambiental do Ramo de Bebidas: Danos Potenciais ao Meio Ambiente

Foram determinados os indicadores a serem calculados para a mensuração da variável econômica ambiental Danos Potenciais ao Meio Ambiente, conforme especificado na Matriz de Correlação do QUADRO V (FARIA, J. J. P., 1999) em anexo.

11.4. Métodos utilizados para a Mensuração das Variáveis Ambientais da Empresa do Ramo de Bebidas

O método contábil selecionado para mensuração a ser aplicado em todas as variáveis ambientais do ramo de bebidas será o Custeio por Atividades (MCA) (ver item 10.7.).

O método de valoração econômica de recursos ambientais a ser aplicado para o cálculo de cada variável ambiental resultada da atividade produção de cervejas na empresa do ramo de bebidas será a função resumida proposta no item 10.7.: **Zij = cXij + Eij + MIij - MCij – RRij** e para o conjunto de variáveis ambientais resultadas da atividade produção de cervejas será a expressão geral da função de produção proposta para o cálculo da variável ambiental:

Zij = cXij + Eij + MIij - MCij - ICCAij - IAij – RRij

11.5. Funções de Produção para o Cálculo das Variáveis Ambientais por Atividade da Empresa do Ramo de Bebidas

As funções de produção específicas para o cálculo das variáveis ambientais em cada uma das atividades econômicas ambientais da empresa do ramo de bebidas serão subsidiadas pelos resultados obtidos no diagnóstico ambiental realizado (11.1.), nos indicadores para a variável econômica ambiental **E,** e nos métodos utilizados para a mensuração das variáveis ambientais e variáveis econômicas ambientais (11.2, 11.3. e 11.4.). No caso da variável econômica ambiental **MI** serão considerados, genericamente para todas as variáveis ambientais, os custos referentes às multas e indenizações a terceiros por não cumprimento de conformidades legais ambientais, diretamente ligadas a cada variável ambiental especificamente. O método utilizado para esta v.e.a. será o MCA. No caso das variáveis econômicas ambientais **ICCA** e **IA** os investimentos deverão ser calculados globalmente e computados por bem produzido e serviço (incluso na somatória de todas variáveis ambientais do produto), com base na participação dos custos de cada produto nos custos de todos os produtos na empresa. As funções de produção para o cálculo das variáveis ambientais serão para as seguintes atividades econômicas ambientais vinculadas à produção de cervejas:

a) Atividade Econômica Ambiental Silos (Matérias Primas)

1. Variável ambiental: pó de malte/casca e pó de arroz

Zsa = cXsa + Esa + MIsa – MCsa – RRsa

i = s = atividade silos (matérias primas)

j = a = poluente pó de malte/casca e pó de arroz

Zsa = pó de malte/casca e pó de arroz

cXsa = custo proporcional das matérias primas, dos insumos utilizados no processo de produção, das tecnologias de processamento, da mão de obra operacional e dos serviços administrativos consumidos durante o processo de geração de Zsa. Os métodos selecionados para sua mensuração são: Custeio por Atividades (MCA), Custeio por Processo (MCP) e Custeio por Absorção (MCab).

Esa = morbidade humana = o custo de morbidade humana pode ser calculado em função dos indicadores (Quadro V): TPH, RM, PDT, IMV e IPHT, e do custo ambulatorial (devem-se utilizar os padrões pré-estabelecidos como medidas das atividades-meios afins - aplicando o MCA). O Método da Produção Sacrificada (MPS) é aplicado porque há uma redução da produção pelo afastamento e da capacidade produtiva. Conforme o grau de intensidade há uma redução na idade média de vida (o índice de vida média da classe a que pertence o trabalhador deve ser usado como referência. Não existindo usar o índice de vida média do município, e, sucessivamente, ou o da região, ou o do estado, ou o do país.). Métodos selecionados: MCA, MPM e MPS.

MIsa = os custos referentes às multas e indenizações a terceiros por não cumprimento de conformidades legais ambientais, diretamente ligadas a esta variável ambiental especificamente. Método selecionado: MCA.

MCsa = Os custos das medidas de controle ambiental podem compreender os: custos dos EPI's dos funcionários; custos com a manutenção dos equipamentos para redução de geração de pós; depreciação dos equipamentos; treinamento e qualificação da mão de obra; custos das atividades meios relativas às MC. Método: MCA.

RRsa = receita líquida apurada pela diferença entre receita com a venda da varredura como alimentação animal e os custos para este fim. O método: MCA e/ou Custeio por Processo.

Observação: as indústrias, especialmente as grandes, possuem ETE – Estação de Tratamento de Efluentes. Só poderá ir para a estação de tratamento se não for feita a varredura, o que é quase impossível de acontecer. Então, os custos da ETE não devem ser apropriados a esta atividade. Se não houvesse ETE, haveria necessidade de incorporar na variável independente Esa os custos com os danos potenciais ao corpo d'água e à vida humana relativos aos efeitos produzidos pela matéria orgânica. Outra situação é quanto à possibilidade de riscos de acidentes ou a ocorrência de quaisquer eventualidades que possa carrear a varredura para a ETE, então os custos da ETE devem ser apropriados, utilizando: o coeficiente de participação da quantidade de varredura média na matéria orgânica total carreada para a ETE; a DBO e o custo unitário da ETE.

b) Atividade Econômica Ambiental Cozimento

1. Variável ambiental: bagaço de malte

Zca = cXca + Eca + MIca – MCca – RRca

i = c= atividade cozimento

j = a = poluente bagaço de malte

Zca = Bagaço de Malte

cXca = custo proporcional das matérias primas, dos insumos utilizados no processo de produção, das tecnologias de processamento, da mão de obra operacional e dos serviços administrativos consumidos durante o processo de geração de Zca. Os métodos selecionados para sua mensuração são: Custeio por Atividades (MCA), Custeio por Processo (MCP) e Custeio por Absorção (MCab).

Eca = custo do tratamento da água para abastecimento + mortalidade dos peixes + perda de produção de peixes. Métodos selecionados: MCA, MPM e MPS.

Custo do tratamento da água para abastecimento: método - MCA. O custo deverá ser calculado com base no custo unitário institucional da estação de tratamento de água (ETA) do município onde está localizada a empresa, utilizando como indicador a CPUA (Quadro V). Conhecendo-se o custo unitário da ETA para uma DBO normal do corpo d'água, calcula-se o aumento do custo unitário com o aumento da DBO em função do poluente.

Mortalidade dos peixes: método - MPM. Cálculo em função da quantidade existente em nível de DBO normal e em nível da DBO posterior, que indica a qualidade da água. MPS: será calculada em função da quantidade produzida em DBO normal e da diminuição de produção por unidade de DBO acima do normal.

Perda de produção de peixes: método - MPS. Será calculada em função da quantidade produzida em DBO normal e da diminuição de produção por unidade de DBO acima do normal.

Observação: Quando existe ETE estes custos da variável Eca são iguais a zero. Então, eles são apropriados na variável MCca num percentual de participação do custo da ETE para o bagaço de malte (retido na peneiras estáticas). Somente quando há acidentes ou por consequência de má administração na programação da retirada do bagaço para venda para alimentação animal ou outro fim, ocorre o direcionamento para a ETE. Estes custos devem ser calculados com base no percentual de risco considerando a série histórica da empresa e/ou da média das empresas do ramo para servir como custo-padrão. Ainda, deve ser computado o custo com a perda de produção da área utilizada para deposição aplicando o MPS em função do produto mais significativo produzido na área da região.

MIca = os custos referentes às multas e indenizações a terceiros por não cumprimento de conformidades legais ambientais, diretamente ligadas a esta variável ambiental especificamente. Método selecionado: MCA.

MCca = custo de: manutenção dos equipamentos; depreciação dos equipamentos; qualificação da mão de obra; mão de obra operacional; custo da ETE a ser apropriado, quando for o caso; custo de transporte para área de deposição ou aterro sanitário quando for o caso; custo de manutenção da área de deposição ou aterro sanitário quando for o caso. Método selecionado: MCA.

RRca = receita líquida apurada pela diferença entre receita com a venda de bagaço de malte para alimentação animal e os custos inferidos para este fim. Método selecionado: MCA e/ou Custeio por Processo.

2. Variável ambiental: Trub

Zcb = cXcb + Ecb + MIcb – MCcb – RRcb

i = c = atividade cozimento

j = b = poluente trub

Zcb = trub

cXcb = idem ao cXca

Ecb = idem ao Eca

MIcb = os custos referentes às multas e indenizações a terceiros por não cumprimento de conformidades legais ambientais, diretamente ligadas a esta variável ambiental especificamente. Método selecionado: MCA.

MCcb = idem ao MCca.

No caso do cálculo de medidas de controle poderão ser mensurados juntos ou separados, dependendo da empresa. Umas misturam o bagaço e o trub, outras não. Neste caso, normalmente o bagaço é vendido para alimentação animal e o trub encaminhado para o aterro sanitário ou outro local designado e licenciado pelo órgão fiscalizador do meio ambiente. Conforme o procedimento, a apropriação dos custos deverá ser feita.

RRcb = Não há.

3. Variável ambiental: solução de soda cáustica

Zcc = cXcc + Ecc + MIcc – MCcc – RRcc

i = c = atividade cozimento

j = c = poluente solução de soda cáustica

Zcc = solução de soda cáustica. Método: MCA.

cXcc = custo proporcional das matérias primas, dos insumos utilizados no processo de produção, das tecnologias de processamento, da mão de obra operacional e dos serviços administrativos consumidos durante o processo de geração de Zcc. Os métodos selecionados para sua mensuração são: Custeio por Atividades (MCA), Custeio por Processo (MCP) e Custeio por Absorção (MCab).

Ecc = mortalidade de peixes. Métodos selecionados: MPM e MPS. A mortalidade de peixes é calculada em função da quantidade de soda cáustica consumida na atividade (Qsc), do pH e da quantidade de peixes existentes em situação normal. Se houver ETE, Ecc = 0. Porque não haverá dano ao corpo d'água.

MIcc = os custos referentes às multas e indenizações a terceiros por não cumprimento de conformidades legais ambientais, diretamente ligadas a esta variável ambiental especificamente. Método selecionado: MCA.

MCcc = custo da ETE. Apropriar o correspondente à participação no custo de tratamento para eliminá-la.

RRcc = Não há.

c) Atividade Econômica Ambiental Adegas

1. Variável ambiental: Fermento Residual

$$Zaa = cXaa + Eaa + MIaa - MCaa - RRaa$$

i = a = atividade adegas

j = a = poluente fermento residual

Zaa = fermento residual. Método: MCA.

cXaa = custo proporcional das matérias primas, dos insumos utilizados no processo de produção, das tecnologias de processamento, da mão de obra operacional e dos serviços administrativos consumidos durante o processo de geração de Zaa. Os métodos selecionados para sua mensuração são: Custeio por Atividades (MCA), Custeio por Processo (MCP) e Custeio por Absorção (MCab).

Eaa = custo de tratamento da água para abastecimento + mortalidade de peixes + perda de produção de peixes. Métodos: MCA; MPM e MPS

Observação: Idem ao da atividade cozimento relativo à variável Eca

MIaa = os custos referentes às multas e indenizações a terceiros por não cumprimento de conformidades legais ambientais, diretamente ligadas a esta variável ambiental especificamente. Método selecionado: MCA.

MCaa = Idem ao do MCca + o custo de remoção e transporte para a área de disposição quando for o caso + o custo apropriado da ETE quando for o caso + o custo da área de disposição quando houver.

RRaa = Não há.

2. Variável ambiental: Solução de soda cáustica.

Zas = cXas + Eas + MIas – MCas – RRas

i = a = atividade adegas

j = s = poluente solução de soda cáustica

Zas = solução de soda cáustica

Zas = Idem ao do Zcc da atividade cozimento.

3. Variável ambiental: Solução de desinfetantes

Zad = cXad + Ead + MIad – MCad – RRad

i = a = atividade adegas

j = d = poluente solução de desinfetantes

Zad = solução de desinfetantes

cXad = custo proporcional das matérias primas, dos insumos utilizados no processo de produção, das tecnologias de processamento, da mão de obra operacional e dos serviços administrativos consumidos durante o processo de geração de Zad. Os métodos selecionados para sua mensuração são: Custeio por Atividades (MCA), Custeio por Processo (MCP) e Custeio por Absorção (MCab).

Ead = custo de tratamento de água para abastecimento + mortalidade de peixes. Método: MCA, MPM e MPS

Mlad = os custos referentes às multas e indenizações a terceiros por não cumprimento de conformidades legais ambientais, diretamente ligadas a esta variável ambiental especificamente. Método selecionado: MCA.

MCad = idem ao MCcc da atividade cozimento.

RRad = Não há.

d) Atividade Econômica Ambiental Filtração

1. Variável ambiental: Fermento Residual

Zfa = cXfa + Efa + Mlfa – MCfa – RRfa

i = f = atividade filtração

j = a = poluente fermento residual

Zfa = fermento residual

Zfa = Idem ao do Zaa da atividade adegas.

2. Variável ambiental: Terra Infusória

Zfb = cXfb + Efb + Mlfb – MCfb – RRfb

i = f = atividade filtração

j = b = poluente terra infusória

Zfb = terra infusória

cXfb = custo proporcional das matérias primas, dos insumos utilizados no processo de produção, das tecnologias de processamento, da mão de obra operacional e dos serviços administrativos consumidos durante o processo de geração de Zfb. Os métodos selecionados para sua mensuração são: Custeio por Atividades (MCA), Custeio por Processo (MCP) e Custeio por Absorção (MCab).

Efb = perda de produção da área utilizada para disposição. Método: MPS aplicado em função do produto mais significativo produzido na região, com base nos indicadores (Quadro V).

MIfb = os custos referentes às multas e indenizações a terceiros por não cumprimento de conformidades legais ambientais, diretamente ligadas a esta variável ambiental especificamente. Método selecionado: MCA.

MCfb = custo de manutenção dos equipamentos para remoção, armazenamento e descarga de terra infusória; depreciação dos equipamentos; transporte para a área destinada; custo de manutenção da área para disposição, quando for o caso.

RRfb = Não há.

3. Variável ambiental: Solução de soda cáustica

Zfc = cXfc + Efc + MIfc – MCfc – RRfc

i = f = atividade filtração

j = c = poluente soda cáustica

Zfc = soda cáustica

Zfc = Idem ao de solução de solução de soda cáustica da atividade cozimento.

4. Variável ambiental: Solução de desinfetantes

Zfd = cXfd + Efd + MIfd – MCfd – RRfd

i = f = atividade filtração

j = d = poluente solução de desinfetantes

Zfc = solução de desinfetantes

Zfc = Idem ao de solução de desinfetantes da atividade adegas.

e) Atividade Econômica Ambiental Laboratório

1. Variável ambiental: Embalagens vazias de produtos químicos

Zla = cXla + Ela + Mlla – MCla – RRla

i = l = atividade laboratório

j = a = poluente embalagens vazias de produtos químicos

Zla = embalagens vazias de produtos químicos

cXla = custo proporcional das matérias primas, dos insumos utilizados no processo de produção, das tecnologias de processamento, da mão de obra operacional e dos serviços administrativos consumidos durante o processo de geração de Zla. Os métodos selecionados para sua mensuração são: Custeio por Atividades (MCA), Custeio por Processo (MCP) e Custeio por Absorção (MCab).

Ela = perda de produção da área de disposição. Método: MPS aplicado em função do produto mais significativo da região, com base nos indicadores do Quadro V.

Mlla = os custos referentes às multas e indenizações a terceiros por não cumprimento de conformidades legais ambientais, diretamente ligadas a esta variável ambiental especificamente. Método selecionado: MCA.

MCla = custo de manutenção do depósito de embalagens vazias depreciação do depósito. Método: MCA.

RRla = receita líquida apurada pela diferença entre receita com a venda de embalagens vazias de produtos químicos e os custos inferidos para este fim. Método selecionado: MCA e/ou Custeio por Processo.

2. Variável ambiental Mercúrio de Termômetro

Zlb = cXlb + Elb + Mllb – MClb – RRlb

i = l = atividade laboratório

j = b = poluente mercúrio de termômetro

Zlb = mercúrio de termômetro

cXlb = custo proporcional das matérias primas, dos insumos utilizados no processo de produção, das tecnologias de processamento, da mão de obra operacional e dos serviços administrativos consumidos durante o processo de geração de Zlb. Os métodos selecionados para sua mensuração são: Custeio por Atividades (MCA), Custeio por Processo (MCP) e Custeio por Absorção (MCab).

Elb = morbidade humana + mortalidade humana. Métodos: MCA; MPM e MPS. Morbidade humana: Idem ao Esa da atividade silos. Mortalidade humana: MPM e MPS com base nos indicadores do Quadro V.

Mllb = os custos referentes às multas e indenizações a terceiros por não cumprimento de conformidades legais ambientais, diretamente ligadas a esta variável ambiental especificamente. Método selecionado: MCA.

MClb = Não há.

RRlb = receita líquida apurada pela diferença entre receita com a venda de mercúrio e os custos inferidos para este fim. Método selecionado: MCA e/ou Custeio por Processo.

f) Atividade Econômica Ambiental Ambulatório

1. Variável ambiental Lixo ambulatorial

Zama = cXama + Eama + Mlama – MCama – RRama

i = am = atividade ambulatório

j = a = poluente lixo ambulatorial

Zama = lixo ambulatorial

cXama = custo proporcional das matérias primas, dos insumos utilizados no processo de produção, das tecnologias de processamento, da mão de obra operacional e dos serviços administrativos consumidos durante o processo de geração de Zama. Os métodos selecionados para sua mensuração são: Custeio por Atividades (MCA), Custeio por Processo (MCP) e Custeio por Absorção (MCab).

Eama = morbidade humana + mortalidade humana + custo do aterro sanitário. Métodos: MCA, MPM e MPS. Morbidade humana e mortalidade humana: idem ao Elb da atividade laboratório. Custo do aterro sanitário é o custo unitário institucional do aterro sanitário, em função do volume e/ou quantidade de resíduos; e mais a perda de produção da área utilizada no aterro (MPS).

Mlama = os custos referentes às multas e indenizações a terceiros por não cumprimento de conformidades legais ambientais, diretamente ligadas a esta variável ambiental especificamente. Método selecionado: MCA.

MCama = manutenção dos containers para lixo ambulatorial; depreciação dos containers; transporte para o aterro sanitário; mão de obra operacional.

RRama = não há.

g) Atividade Econômica Ambiental Refeitório

1. Variável ambiental Restos de Comida

Zra = cXra + Era + Mlra – MCra – RRra

i = r = atividade refeitório

j = a = poluente restos de comida

Zra = restos de comida

cXra = custo proporcional das matérias primas, dos insumos utilizados no processo de produção, das tecnologias de processamento, da mão de obra operacional e dos serviços administrativos consumidos durante o processo de geração de Zra. Os métodos selecionados para sua mensuração são: Custeio por Atividades (MCA), Custeio por Processo (MCP) e Custeio por Absorção (MCab).

Era = custo do aterro sanitário. O custo do aterro sanitário é o custo institucional em função do volume e/ou quantidade depositada e da área utilizada no aterro. E deve ser computada a produção sacrificada dessa área considerando a cultura mais significativa da região (MPS). Se estes restos de comida tivesse acesso ao corpo d'água a variável Era seria igual à Eca da atividade cozimento. As mesmas observações são válidas quanto à apropriação de custos da ETE.

MIra = os custos referentes às multas e indenizações a terceiros por não cumprimento de conformidades legais ambientais, diretamente ligadas a esta variável ambiental especificamente. Método selecionado: MCA.

MCra = custos com manutenção dos containers para armazenamento; depreciação dos containers; mão de obra operacional.

RRra = receita líquida apurada pela diferença entre receita com a venda de restos de comida para alimentação animal ou produção de matéria orgânica e os custos inferidos para este fim. Método selecionado: MCA e/ou Custeio por Processo.

h) Atividade Econômica Ambiental ETE

1. Variável ambiental Resíduos das grades/caixas de areia e peneiras estáticas

$Z_{ea} = cX_{ea} + E_{ea} + MI_{ea} - MC_{ea} - RR_{ea}$

i = e = atividade ETE

j = a = poluente resíduos das grades/caixas de areia e peneiras estáticas

Z_{ea} = resíduos das grades/caixas de areia e peneiras estáticas

cX_{ea} = custo proporcional das matérias primas, dos insumos utilizados no processo de produção, das tecnologias de processamento, da mão de obra operacional e dos serviços administrativos consumidos durante o processo de geração de Z_{ea}. Os métodos selecionados para sua mensuração são: Custeio por Atividades (MCA), Custeio por Processo (MCP) e Custeio por Absorção (MCab).

E_{ea} = custo do aterro sanitário. O custo do aterro sanitário é o custo institucional em função do volume e/ou quantidade depositada, e da área utilizada no aterro. E deve ser computada a produção sacrificada dessa área considerando a cultura mais significativa da região (MPS). Se não houver ETE e for direto para o corpo d'água a variável E_{ea}, deve ser calculada conforme a E_{ca}, referente a mortalidade de peixes e perda de produção de peixes. Métodos: MCA e MPS.

MI_{ea} = os custos referentes às multas e indenizações a terceiros por não cumprimento de conformidades legais ambientais, diretamente ligadas a esta variável ambiental especificamente. Método selecionado: MCA.

MC_{ea} = manutenção de containers; depreciação de containers; mão de obra operacional.

RRea = não há.

2. Variável ambiental Lodo Aeróbico

Zeb = cXeb + Eeb + Mleb − MCeb − RReb

i = e = atividade lodo aeróbico

j = b = poluente lodo aeróbico

Zeb = lodo aeróbico

cXeb = custo proporcional das matérias primas, dos insumos utilizados no processo de produção, das tecnologias de processamento, da mão de obra operacional e dos serviços administrativos consumidos durante o processo de geração de Zeb. Os métodos selecionados para sua mensuração são: Custeio por Atividades (MCA), Custeio por Processo (MCP) e Custeio por Absorção (MCab).

Eeb = custo do aterro sanitário. Não haverá custo com o aterro sanitário se for levado para alguma área com a finalidade de fazer compostagem, em que o custo de transporte com este fim será computada na RReb. O custo com o aterro sanitário é da mesma forma já explicitada na variável Eea no subitem anterior.

Mleb = os custos referentes às multas e indenizações a terceiros por não cumprimento de conformidades legais ambientais, diretamente ligadas a esta variável ambiental especificamente. Método selecionado: MCA.

MCeb = custo com manutenção dos containers; depreciação dos containers; mão de obra operacional; custo com transporte até ao aterro sanitário.

RReb = receita líquida apurada pela diferença entre receita com a venda de lodo aeróbico para compostagem e os custos inferidos para este fim. Método selecionado: MCA e/ou Custeio por Processo.

3. Variável ambiental Gases da ETE

Zeg = cXeg + Eeg + MIeg – MCeg – RReg

$i = e$ = atividade ETE

$j = g$ = poluente gases da ETE

Zeg = gases da ETE

cXeg = custo proporcional das matérias primas, dos insumos utilizados no processo de produção, das tecnologias de processamento, da mão de obra operacional e dos serviços administrativos consumidos durante o processo de geração de Zeg. Os métodos selecionados para sua mensuração são: Custeio por Atividades (MCA), Custeio por Processo (MCP) e Custeio por Absorção (MCab).

Eeg = morbidade humana + mortalidade humana + perda de produção agropecuária + desvalorização das propriedades do entorno. Métodos: MCA; MPS e MPH. Morbidade; mortalidade e perda de produção de lavouras da mesma forma como foram calculados em itens anteriores. Desvalorização das propriedades do entorno pode ser utilizado o MPH na área do entorno da indústria e avaliar a desvalorização dos imóveis da área, em função dos indicadores (Quadro V) densidade populacional; número de imóveis; infra-estrutura do bairro, etc.

Mleg = os custos referentes às multas e indenizações a terceiros por não cumprimento de conformidades legais ambientais, diretamente ligadas a esta variável ambiental especificamente. Método selecionado: MCA.

MCeg = custos com plantio de árvores para quebra-ventos para evitar que o odor seja espalhado; custo com equipamentos para captação dos gases tóxicos e que exalam odores fortes, quando for o caso. Apropriação proporcional do custo da ETE. Método: MCA.

RReg = receita líquida apurada pela diferença entre receita com o aproveitamento de gases para a produção de energia e os custos inferidos para este fim. Quando for o caso. Método selecionado: MCA e/ou Custeio por Processo.

i) Atividade Econômica Ambiental Utilidades

1. Variável ambiental Embalagens Vazias de Produtos Químicos

Zuev = cXuev + Euev + Mluev – MCuev – RRuev

i = u = atividade utilidades

j = ev = poluente embalagens vazias de produtos químicos

Zuev = embalagens vazias de produtos químicos

Zuev = Idem ao Zla da atividade laboratório.

2. Variável ambiental Óleos Lubrificantes Usados

Zub = cXub + Eub + Mlub – MCub – RRub

i = u = atividade utilidades

j = b = poluente óleos lubrificantes usados

Zub = óleos lubrificantes usados

cXub = custo proporcional das matérias primas, dos insumos utilizados no processo de produção, das tecnologias de processamento, da mão de obra operacional e dos serviços administrativos consumidos durante o processo de geração de Zub. Os métodos selecionados para sua mensuração são: Custeio por Atividades (MCA), Custeio por Processo (MCP) e Custeio por Absorção (MCab).

Eub = zero, porque existe reservatório para captação e armazenagem dos óleos lubrificantes usados. Se não houver e contaminar as águas superficiais haverá mortalidade de peixes e diminuição na produtividade de peixes. Será conforme já sugerido anteriormente. Como indicador deverá ser considerada a concentração de óleos no corpo dágua.

Mlub = os custos referentes às multas e indenizações a terceiros por não cumprimento de conformidades legais ambientais, diretamente ligadas a esta variável ambiental especificamente, como por exemplo o caso citado no item anterior. Método selecionado: MCA.

MCub = custo de manutenção do reservatório para captação e armazenagem dos óleos lubrificantes usados.

RRub = receita líquida apurada pela diferença entre receita com a venda de óleos lubrificantes usados para reciclagem e os custos inferidos para este fim. Quando for o caso. Método selecionado: MCA e/ou Custeio por Processo.

3. Variável ambiental Óleo Contaminado de Amônia (oca)

Zuc = cXuc + Euc + Mluc – MCuc – RRuc

i = u = atividade utilidades

j = c = poluente oca

Zuc = oca

cXuc = custo proporcional das matérias primas, dos insumos utilizados no processo de produção, das tecnologias de processamento, da mão de obra operacional e dos serviços administrativos consumidos durante o processo de geração de Zuc. Os métodos selecionados para sua mensuração são: Custeio por Atividades (MCA), Custeio por Processo (MCP) e Custeio por Absorção (MCab).

Euc = idem à variável ambiental anterior.

Mluc = os custos referentes às multas e indenizações a terceiros por não cumprimento de conformidades legais ambientais, diretamente ligadas a esta variável ambiental especificamente. Método selecionado: MCA.

MCuc = idem à variável ambiental anterior.

RRuc = receita líquida apurada pela diferença entre receita com a venda de óleo contaminado de amônia para reciclagem e os custos inferidos para este fim. Quando for o caso. Método selecionado: MCA e/ou Custeio por Processo.

4. Variável ambiental: Borra de óleo de estocagem

Zud = cXud + Eud + Mlud – MCud – RRud

i = u = atividade utilidades

j = d = poluente borra de óleo de estocagem

Zuc = borra de óleo de estocagem

Zuc = Idem ao anterior

5. Variável ambiental Fuligem das caldeiras

Zuf = cXuf + Euf + Mluf − MCuf − RRuf

i = u = atividade utilidades

j = f = poluente fuligem das caldeiras

Zuf = fuligem das caldeiras

cXuf = custo proporcional das matérias primas, dos insumos utilizados no processo de produção, das tecnologias de processamento, da mão de obra operacional e dos serviços administrativos consumidos durante o processo de geração de Zuf. Os métodos selecionados para sua mensuração são: Custeio por Atividades (MCA), Custeio por Processo (MCP) e Custeio por Absorção (MCab).

Euf = perda de produção da agropecuária no entorno (MPS) + custo do aterro sanitário (MCA e MPS). Todos esses custos e seus métodos já foram apresentados anteriormente.

Mluf = os custos referentes às multas e indenizações a terceiros por não cumprimento de conformidades legais ambientais, diretamente ligadas a esta variável ambiental especificamente. Método selecionado: MCA.

MCuf = custo dos filtros; custo de manutenção de equipamentos para retenção de fuligem; depreciação dos equipamentos; e de transporte de fuligem para o aterro.

RRuf = não há.

6. Variável ambiental Fumaça das caldeiras

Zufc = cXufc + Eufc + Mlufc − MCufc − RRufc

i = u = atividade utilidades

j = fc = poluente fumaça das caldeiras

Zufc = fumaça das caldeiras

cXufc = custo proporcional das matérias primas, dos insumos utilizados no processo de produção, das tecnologias de processamento, da mão de obra operacional e dos serviços administrativos consumidos durante o processo de geração de Zufc. Os métodos selecionados para sua mensuração são: Custeio por Atividades (MCA), Custeio por Processo (MCP) e Custeio por Absorção (MCab).

Eufc = morbidade humana + mortalidade humana + perda de produção de lavouras + perda de produção de animais + perda de fauna e flora. Métodos: MPM;MPS; MPH E MVC. Todos já comentados em itens anteriores, a exceção da perda de fauna e flora que pode ser aplicado o método dos preços hedônicos e o método da valoração contingente para valorar o valor de paisagem e de existência.

Mlufc = os custos referentes às multas e indenizações a terceiros por não cumprimento de conformidades legais ambientais, diretamente ligadas a esta variável ambiental especificamente. Método selecionado: MCA.

MCufc = custo com filtros, equipamentos para diminuição de fumaça, manutenção de equipamentos, e com a depreciação de equipamentos

7. Variável ambiental: Purga da linha de amônia

Zup = cXup + Eup + Mlup – MCup – RRup

i = u = atividade utilidades

j = p = poluente purga da linha de amônia

Zup = purga da linha de amônia

cXup = custo proporcional das matérias primas, dos insumos utilizados no processo de produção, das tecnologias de processamento, da mão de obra operacional e dos serviços administrativos consumidos durante o processo de geração de Zup. Os métodos selecionados para sua mensuração são: Custeio por Atividades (MCA), Custeio por Processo (MCP) e Custeio por Absorção (MCab).

Eup = não há. Só haverá dano potencial ao corpo dágua se não existir ETE. Neste caso Eup seria igual a: mortalidade dos peixes + custo do tratamento dágua para abastecimento (todos estes custos já foram explicitados anteriormente). Devem levar em consideração os indicadores do Quadro V.

MIup = os custos referentes às multas e indenizações a terceiros por não cumprimento de conformidades legais ambientais, diretamente ligadas a esta variável ambiental especificamente. Método selecionado: MCA.

MCup = custo com conversor de purga de amônia.

RRup = receita líquida apurada pela diferença entre receita com o aproveitamento de amônia no processo de purga e os custos inferidos para este fim. Quando for o caso. Método selecionado: MCA e/ou Custeio por Processo.

j) Atividade Econômica Ambiental Engarrafamento

1. Variável ambiental: Solução de soda cáustica

Zensc = cXensc + Eensc + MIensc − MCensc − RRensc

i = en = atividade engarrafamento

j = sc = poluente solução de soda cáustica

Zensc = solução de soda cáustica

Zensc = Idem ao da atividade cozimento.

2. Variável ambiental Solução de desinfetantes

Zensd = cXensd + Eensd + MIensd – MCensd – RRensd

i = en = atividade engarrafamento

j = sd = poluente solução desinfetantes

Zensd = solução desinfetantes

Zensd = Idem ao da atividade adegas.

3. Variável ambiental Água de Aquecimento do Pasteurizador

Zena = cXena + Eena + MIena – MCena – RRena

i = en = atividade engarrafamento

j = a = poluente água de aquecimento do pasteurizador

Zena = água de aquecimento do pasteurizador

cXena = custo proporcional das matérias primas, dos insumos utilizados no processo de produção, das tecnologias de processamento, da mão de obra operacional e dos serviços administrativos consumidos durante o processo de geração de Zena. Os métodos selecionados para sua mensuração são: Custeio por Atividades (MCA), Custeio por Processo (MCP) e Custeio por Absorção (MCab).

Eena = não há. Só quando houver algum acidente a água irá para ETE, neste caso apropriar os custos conforme já explicado anteriormente.

Mlena = os custos referentes às multas e indenizações a terceiros por não cumprimento de conformidades legais ambientais, diretamente ligadas a esta variável ambiental especificamente. Método selecionado: MCA.

MCena = custo manutenção da torre de resfriamento; depreciação da torre de resfriamento; custo de manutenção da piscina de recuperação da água quente; depreciação da piscina. Método: MCA.

RRena = receita líquida apurada pela diferença entre receita com a reutilização da água (benefício gerado ao não captar água, poupando o recurso ambiental água) e os custos inferidos para este fim. Quando for o caso. Método selecionado: MCA e/ou Custeio por Processo.

4. Variável ambiental: Embalagens vazias de produtos químicos

Zenev = cXenev + Eenev + Mlenev – MCenev – RRenev

i = en = atividade engarrafamento

j = ev = poluente solução de soda cáustica

Zenev = solução de soda cáustica

Zenev = Idem ao da atividade laboratório.

5. Variável ambiental: Polpa de Rótulos

Zenp = cXenp + Eenp + Mlenp – MCenp – RRenp

i = en = atividade engarrafamento

j = p = poluente polpa de rótulos

Zenp = polpa de rótulos

cXenp = custo proporcional das matérias primas, dos insumos utilizados no processo de produção, das tecnologias de processamento, da mão de obra operacional e dos serviços administrativos consumidos durante o processo de geração de Zenp. Os métodos selecionados para sua mensuração são: Custeio por Atividades (MCA), Custeio por Processo (MCP) e Custeio por Absorção (MCab).

Eenp = não há. Haverá quando houver algum acidente e não tiver ETE e o lançamento será direto ao corpo dágua. Neste caso Eenp = mortalidade de peixes + perda de produtividade dos peixes + custo do tratamento de água para abastecimento (já explicados em itens anteriores). Havendo ETE, será retido nas grades/caixas de areia e peneiras estáticas. E quando for enviado para o aterro sanitário a variável Eenp = custo do aterro sanitário (já mencionado anteriormente).

Mlenp = os custos referentes às multas e indenizações a terceiros por não cumprimento de conformidades legais ambientais, diretamente ligadas a esta variável ambiental especificamente. Método selecionado: MCA.

MCenp = custo de manutenção de containers; depreciação de containers; transporte para o aterro sanitário quando for o caso.

RRenp = receita líquida apurada pela diferença entre receita com a venda de polpa de rótulos para reciclagem e os custos inferidos para este fim. Quando for o caso. Método selecionado: MCA e/ou Custeio por Processo.

6. Variável ambiental Sucata de Rolhas Metálicas

Zens = cXens + Eens + Mlens – MCens – RRens

i = en = atividade engarrafamento

j = s = poluente sucata de rolhas metálicas

Zens = sucata de rolhas metálicas

cXens = custo proporcional das matérias primas, dos insumos utilizados no processo de produção, das tecnologias de processamento, da mão de obra operacional e dos serviços administrativos consumidos durante o processo de geração de Zens. Os métodos selecionados para sua mensuração são: Custeio por Atividades (MCA), Custeio por Processo (MCP) e Custeio por Absorção (MCab).

Eens = não há.

MIens = os custos referentes às multas e indenizações a terceiros por não cumprimento de conformidades legais ambientais, diretamente ligadas a esta variável ambiental especificamente. Método selecionado: MCA.

MCens = custo de manutenção dos containers; depreciação dos containers. Custo proporcional da ETE, no caso de quaisquer problemas e tiver que ir para a ETE.

RRens = receita líquida apurada pela diferença entre receita com a venda sucata de rolhas metálicas para reciclagem e os custos inferidos para este fim. Quando for o caso. Método selecionado: MCA e/ou Custeio por Processo.

7. Variável ambiental Embalagens vazias de tintas, solventes, solventes codificados (evt)

Zenevt = cXenevt + Eenevt + MIenevt – MCenevt – RRenevt

i = en = atividade embalagens vazias de tintas, solvente, solvente codificados.

j = evt = poluente evt

Zenevt = evt

cXenevt = custo proporcional das matérias primas, dos insumos utilizados no processo de produção, das tecnologias de processamento, da mão de obra operacional e dos serviços administrativos consumidos durante o processo de geração de Zenev. Os métodos selecionados para sua mensuração são: Custeio por Atividades (MCA), Custeio por Processo (MCP) e Custeio por Absorção (MCab).

Eenevt = morbidade humana + mortalidade humana + custo do aterro sanitário para incineração. Não haverá custo, se houver devolução à fábrica das embalagens. (ônus da fábrica de embalagens). Métodos: MCA; MPM e MPS. A morbidade humana e mortalidade humana já foram explicadas anteriormente, bem como o custo do aterro sanitário.

Mlenev = os custos referentes às multas e indenizações a terceiros por não cumprimento de conformidades legais ambientais, diretamente ligadas a esta variável ambiental especificamente. Método selecionado: MCA.

MCenev = manutenção de containers; depreciação de containers; transporte para o aterro sanitário; transporte para a fábrica de embalagens, quando for o caso.

RRens = receita líquida apurada pela diferença entre receita com a venda embalagens vazias de tintas, solvente, solvente codificados para reciclagem e os custos inferidos para este fim. Quando for o caso. Método selecionado: MCA e/ou Custeio por Processo.

8. Variável ambiental: Restos de tintas, solventes, borra de limpeza codificado

Zenr = cXenr + Eenr + MIenr – MCenr – RRenr

i = en = atividade engarrafamento

j = r = poluente restos de tintas, solv., borra de limp. cod.

Zenr = restos de tintas, solv., borra de limp. cod.

cXenr = custo proporcional das matérias primas, dos insumos utilizados no processo de produção, das tecnologias de processamento, da mão de obra operacional e dos serviços administrativos consumidos durante o processo de geração de Zenr. Os métodos selecionados para sua mensuração são: Custeio por Atividades (MCA), Custeio por Processo (MCP) e Custeio por Absorção (MCab).

Eenr = idem ao da variável ambiental anterior.

MIenr = os custos referentes às multas e indenizações a terceiros por não cumprimento de conformidades legais ambientais, diretamente ligadas a esta variável ambiental especificamente. Método selecionado: MCA.

MCenr = idem ao da variável ambiental anterior.

RRenr = idem ao da variável ambiental anterior.

k) Atividade Econômica Ambiental Captação de Água

1. Variável ambiental: Alteração da vazão ou regime hidráulico

Zcaa = cXcaa + Ecaa + MIcaa – MCcaa – RRcaa

i = ca = atividade da captação de água

j = a = poluente alteração da vazão ou regime hidráulico

Zcaa = alteração da vazão ou regime hidráulico

cXcaa = custo proporcional das matérias primas, dos insumos utilizados no processo de produção, das tecnologias de processamento, da mão de obra operacional e dos serviços administrativos consumidos durante o processo de geração de Zcaa. Os métodos selecionados para sua mensuração são: Custeio por Atividades (MCA), Custeio por Processo (MCP) e Custeio por Absorção (MCab).

Ecaa = perda de produção da fauna e flora aquática + perda de produção de atividades econômicas que utilizam água + perda do recurso hídrico. A perda de produção da fauna e flora aquática aplicar o método: MPS. A perda de produção de atividades econômicas que utilizam água aplicar os métodos MCA e MPS; e a perda de recurso hídrico, o MPS. Em todos basear nos indicadores do Quadro V. Pode ocorrer que o volume captado não seja significativo em termos de dano ambiental. Se houver ETE, esta devolve água servida tratada de boa qualidade para o corpo dágua e deverá ser abatida do volume captado.

MIcaa = os custos referentes às multas e indenizações a terceiros por não cumprimento de conformidades legais ambientais, diretamente ligadas a esta variável ambiental especificamente. Método selecionado: MCA.

MCcaa = custo do controle e programação racional de captação de água. Apropriação de custo da ETE no tratamento de água servida devolvida ao corpo dágua.

RRcaa = receita líquida apurada pela diferença entre receita com o aproveitamento na reutilização na fábrica da água captada servida tratada e os custos inferidos para este fim. Quando for o caso. Método selecionado: MCA e/ou Custeio por Processo.

2. Variável ambiental Alteração física nas margens dos leitos dos corpos d'águas

Zcab = cXcab + Ecab + MIcab – MCcab – RRcab

i = ca = atividade captação de água

j = b = poluente alteração física nas margens dos leitos dos corpos d'águas.

Zcab = alteração física nas margens dos leitos dos corpos d'águas

cXcab = custo proporcional das matérias primas, dos insumos utilizados no processo de produção, das tecnologias de processamento, da mão de obra operacional e dos serviços administrativos consumidos durante o processo de geração de Zcab. Os métodos selecionados para sua mensuração são: Custeio por Atividades (MCA), Custeio por Processo (MCP) e Custeio por Absorção (MCab).

Ecab = perda de biodiversidade + perda de produção de peixes. A perda de biodiversidade pode ser mensurada pelo MPH e MVC. A perda de produção de peixes pelo MPS. A aplicação dos métodos em ambos os casos deve basear em indicadores do Quadro V.

MIcab = os custos referentes às multas e indenizações a terceiros por não cumprimento de conformidades legais ambientais, diretamente ligadas a esta variável ambiental especificamente. Método selecionado: MCA.

MCcab = custos de manutenção da proteção das margens do corpo dágua na área de captação; depreciação dos investimentos de proteção das margens.

RRcab = não há.

l) Atividade Econômica Ambiental ETA

1. Variável ambiental: Embalagens vazias de produtos químicos

Zetaev = cXetaev + Eetaev + Mletaev – MCetaev – RRetaev

i = eta = atividade ETA

j = ev = poluente embalagens vazias de produtos químicos

Zetaev = embalagens vazias de produtos químicos

Zetaev = Idem a item anterior semelhante.

2.Variável ambiental: Resíduos sólidos da limpeza da ETA

Zetab = cXetab + Eetab + Mletab – MCetab – RRetab

i = eta = atividade ETA

j = b = poluente resíduos sólidos da limpeza da ETA

Zetab = resíduos sólidos da limpeza da ETA

cXetab = custo proporcional das matérias primas, dos insumos utilizados no processo de produção, das tecnologias de processamento, da mão de obra operacional e dos serviços administrativos consumidos durante o processo de geração de Zetab. Os métodos selecionados para sua mensuração são: Custeio por Atividades (MCA), Custeio por Processo (MCP) e Custeio por Absorção (MCab).

Eetab = custo do aterro sanitário. O custo do aterro sanitário já foi explicitado anteriormente.

Mletab = os custos referentes às multas e indenizações a terceiros por não cumprimento de conformidades legais ambientais, diretamente ligadas a esta variável ambiental especificamente. Método selecionado: MCA.

MCetab = custo da lavagem e retirada e transporte dos resíduos sólidos.

RRens = não há.

m) Atividade Econômica Ambiental Segurança, Higiene e Trabalho

1. Variável ambiental Materiais inservíveis

Zshtm = cXshtm + Eshtm + Mlshtm − MCshtm − RRshtm

i = sht = atividade segurança, higiene e trabalho

j = m = poluente materiais inservíveis

Zshtm = materiais inservíveis

cXshtm = custo proporcional das matérias primas, dos insumos utilizados no processo de produção, das tecnologias de processamento, da mão de obra operacional e dos serviços administrativos consumidos durante o processo de geração de Zshtm. Os métodos selecionados para sua mensuração são: Custeio por Atividades (MCA), Custeio por Processo (MCP) e Custeio por Absorção (MCab).

Eshtm = custo do aterro sanitário. O custo do aterro sanitário já foi explicado anteriormente.

Mlshtm = os custos referentes às multas e indenizações a terceiros por não cumprimento de conformidades legais ambientais, diretamente ligadas a esta variável ambiental especificamente. Método selecionado: MCA.

MCshtm = custo de manutenção com depósito de materiais inservíveis; depreciação do depósito; transporte para o aterro sanitário; doação de uniformes para associações, entidades filantrópicas(valor residual), quando for o caso.

RRshtm = não há. Se houver algum material inservível que possa ser reciclado, apurar da mesma forma que outros, conforme explicitado em variáveis ambientais anteriores.

12. PROPOSIÇÃO DE PLANO DE CONTAS AMBIENTAIS PARA A EMPRESA

O Plano de Contas Ambientais tem como objetivo apresentar as contas que explicitarão os registros dos fatos contábeis das transações econômico-ambientais realizadas pela empresa.

Anteriormente (no item 10.9.2.) sugeri a apresentação de um Balanço Patrimonial Ambiental, similar ao Balanço Patrimonial tradicional. Mas, o fato das funções de produção propostas possibilitarem a internalização dos custos ambientais aos custos dos bens e serviços produzidos pelas empresas, as contas ambientais podem e devem ser apresentadas de forma integrada ao Balanço Patrimonial e Demonstrações dos Resultados convencionais. Também, foi afirmado que as duas formas de apresentação dos fatos contábeis ambientais nas contas podem ser utilizadas. Foi sugerido que, no segundo caso, os procedimentos para os registros dos fatos contábeis geradores dos custos, ativos e passivos ambientais deveriam ser discorridos nas Notas Explicativas. Complementando estas sugestões, proponho a elaboração de um Plano de Contas Ambientais com a finalidade gerencial e financeira para servir de instrumento para uma Contabilidade Ambiental Gerencial e Financeira da empresa. E um Plano de Contas Convencional com as contas ambientais, este Plano de Contas integrará a Contabilidade Ambiental na Contabilidade Convencional.

Com base no item 10.9 que trata dos procedimentos para os registros dos fatos contábeis ambientais na empresa, no conceito de Plano de Contas será estabelecido um norte sobre quais as contas ambientais que devem ser incorporadas no Plano de Contas denominado de Plano de Contas Convencional e Ambiental - PCCA. E quais as contas ambientais que devem ser incorporadas no Plano de Contas denominado de Plano de Contas Ambiental Gerencial e Financeiro - PCAGF.

Mas, para a elaboração destes Planos de Contas é necessário conhecer o que realmente são considerados custos, ativos e passivos ambientais, emitindo novos conceitos, para determinar quais são as contas ambientais que devem existir. Para tanto serão utilizados a base conceitual da Economia Ambiental e da Contabilidade Ambiental.

A função de produção $Y = f(K, L, RA)$, onde K = capital, L = trabalho, RA = recursos ambientais renováveis e não renováveis, a base conceitual da Economia Ambiental, serviu como fundamento para o desenvolvimento da proposta para a internalização dos custos ambientais nos custos dos bens e serviços produzidos. Esta função de produção gerou a função produção e função produto para determinação, respectivamente, do custo da variável ambiental e do custo de produção total: $Z = X + E + MI - MC - ICCA - IA$

– RR, e CPT = CP + Z. A partir destas funções podemos inferir os seguintes novos conceitos:

Custos ambientais compreendem: os custos econômicos com matérias primas, insumos e custos administrativos componentes da geração do poluente; os custos das externalidades referentes aos danos causados ao meio ambiente e a terceiros provocados pelos poluentes; as multas e indenizações a terceiros por descumprimento das conformidades legais ambientais; os custos em prevenção, proteção, correção e saneamento de impactos negativos ao meio ambiente e a terceiros; os custos em certificados de compensações ambientais e certificados ambientais negociáveis; os custos para elaboração de projetos ambientais em bens públicos; e os custos em reciclagem dos resíduos (poluentes).

Os Ativos Ambientais compreendem: os investimentos em prevenção, proteção, correção e saneamento de impactos negativos ao meio ambiente e a terceiros causados pelos poluentes gerados pela empresa; os investimentos em certificados de compensações ambientais e certificados ambientais negociáveis; investimentos em projetos ambientais em bens públicos; e os investimentos em reciclagem dos poluentes.

Os Passivos Ambientais compreendem: os custos econômicos com matérias primas, insumos e custos administrativos componentes da geração do poluente; os custos das externalidades, os danos causados ao meio ambiente e a terceiros provocados pelos poluentes; as multas e indenizações a terceiros por descumprimento das conformidades legais ambientais.

Fundamentados nestas assertivas e nestes novos conceitos pode-se elaborar uma estrutura básica para os dois Planos de Contas propostos.

12.1. Estrutura Básica para os Planos de Contas Propostos com a Inserção das Contas Ambientais

A estrutura básica para os Planos de Contas propostos com a inserção das contas ambientais deve conter uma estrutura de custos ambientais intrínseca às atividades econômicas ambientais. Deve-se, portanto, determinar quanto de cada atividade é consumida em um produto e montar a estrutura base das atividades - meio relacionadas às atividades econômico-ambientais. O custeamento desta forma permitirá uma apropriação mais adequada e real do custo do produto e, consequentemente, de seu custo ambiental. Para uma melhor demonstração desta estrutura de custos ambientais intrínsecas às atividades econômicas ambientais será elaborado um Plano de Contas das Atividades Econômicas Ambientais – PCAEA. E para uma melhor compreensão faremos as conceituações das atividades que serão componentes do plano.

A atividade econômica ambiental significa que a atividade tem um fim econômico, pelo fato de produzir um bem e serviço, e por gerar perdas e custos econômicos privados e públicos, para a sociedade; e um fim ambiental porque o poluente (um produto resultante do processo de fabricação) afeta o meio ambiente causando danos ambientais e riscos a terceiros.

A atividade-meio específica compreende as atividades de apoio às atividades econômicas ambientais, relativo aos custos indiretos dos processos vinculados a estas atividades. A atividade-meio genérica compreende as atividades de apoio a várias atividades econômicas ambientais, relativo aos custos indiretos. As atividades econômicas ambientais podem, também, funcionarem como atividades-meio em alguns casos, em função dos produtos, e será chamada de atividade econômica ambiental-meio.

O Sistema de Contabilidade Ambiental por Atividades (SCAA) terá como base debitar a mão de obra direta e os materiais (matérias primas, insumos, energia e água) diretamente ao produto e os custos indiretos deverão ser alocados a um centro de custos de atividades e, posteriormente, aos produtos. Neste sistema o foco da contabilidade de custos será o controle das atividades (processos) econômico-ambientais e atividades-meio, bem como atividades econômicas ambientais-meio envolvidas na geração do poluente, e, consequentemente, do produto fabricado (leia-se bem e serviço produzido).

O SCAA considera o ambiente da produção como um conjunto de processos envolvidos. Desse modo toda área de suporte, como exemplo: compras, almoxarifado, engenharia de produção; engenharia de desenvolvimento de produtos, administrativas, etc. Todas elas são atividades-meio (há necessidade de indentificá-las para cada atividade econômico-ambiental), que são processos envolvidos na atividade econômico-ambiental, em especial na atividade ambiental. Neste sistema será necessária uma área com o fim de identificar os processos – atividades-meio, ou seja, os principais originadores dos custos econômicos e ambientais do produto e poluente. O sistema possibilitará a melhor compreensão dos custos indiretos envolvidos na apuração do custo ambiental.

A principal razão para se adotar o custeio por atividade para a contabilização dos custos ambientais nos custos dos bens e serviços produzidos é possibilitar: a identificação dos fatores de produção do poluente; do controle dos seus custos diretos e indiretos; o custo de produção do poluente que reflete o processo produtivo; e o melhor gerenciamento ambiental da empresa. Estes propósitos gerenciais permitirão decisões mais rápidas de soluções efetivas para a proposição de medidas de controle ambiental preventivas, corretivas, e até mesmo de eliminação do fator poluidor, e de decisões gerenciais econômico-ambientais pontuais.

A contabilidade por atividade econômica-ambiental registra o consumo dos recursos na execução das atividades. Os produtos consomem atividades e materiais. Então, o custo do produto é determinado pela soma dos custos de todas as atividades identificáveis (atividades-meio). E, também, a função de produção proposta para mensurar os custos ambientais evidencia a existência, em alguns casos, de uma ou mais atividade econômico-ambiental que compõe uma atividade econômico-ambiental específica a um determinado bem ou serviço produzido. Portanto, o custo do produto pode ser determinado pela somatória dos custos das atividades-meio e atividades econômico-ambientais relativas ao produto. Simplificadamente pela função de produção pode-se calcular as variáveis ambientais (custos ambientais) e depois fazer a somatória de todas que estão diretamente vinculadas a determinado bem e serviço produzido, apurando o custo total do produto com a internalização dos custos ambientais.

O SCAA tem como vantagem o fato da lista das atividades-meio e atividades econômico-ambientais identificadas na atividade econômico-ambiental somente precisará ser modificada quando ocorrer uma mudança na atividade/processo. As variações no custo dos fatores de produção não requerem modificações na lista de atividades-meio.

Os registros das operações obedecem às normativas da contabilidade. A apuração dos custos ambientais será, portanto, com base na contabilidade de custo por atividade.

O SCAA deverá conter um Plano de Contas das Atividades Econômicas Ambientais – PCAEA. Este plano de contas terá como objetivo de apresentar as contas que explicitarão os registros dos fatos contábeis das transações econômico-ambientais realizadas pela empresa, como explicado anteriormente. As contas a serem criadas para demonstrar os custos ambientais serão com base nas atividades econômicas ambientais, nas atividades econômicas ambientais-meio e nas atividades-meio. Como exemplo, utilizaremos o estudo de caso da indústria de bebidas, apresentaremos o grupo de contas relativas ao produto cerveja: **custo total do produto cerveja,** que compreende a conta da atividade econômica para a geração do produto cerveja, mais as contas das atividades econômicas ambientais (Silos de Matéria Prima; Cozimento; Adegas, etc. ver item 11.5), das atividades econômicas ambientais-meio (Laboratório, Ambulatório, Refeitório, etc.) com as suas subcontas (variáveis ambientais referentes a cada atividade econômica ambiental – ver item 11.5. – e as subcontas relativas às suas atividades-meio específicas, além das atividades-meio genéricas.

O Plano de Contas das Atividades Econômicas Ambientais – PCAEA poderá e deverá ser utilizado como instrumento da Contabilidade

Convencional e Ambiental e da Contabilidade Ambiental Gerencial e Financeira. A Contabilidade Ambiental Gerencial e Financeira permitirá ao gestor ambiental da empresa poder identificar com mais precisão e rapidez quais são os gargalos ambientais existentes e onde poder agir para melhorar a gestão ambiental tomando decisões que possam minimizar a produção de poluentes; melhorar o aproveitamento na utilização de matérias primas, insumos, energia e água; propor medidas de controle ambientais mais efetivas e eficazes.

O PCAEA servirá para a inserção das contas ambientais nos Planos de Contas propostos, o Plano de Contas Convencional e Ambiental e o Plano de Contas Ambiental Gerencial e Financeiro.

Nos Planos de Contas os fatos contábeis ambientais devem e podem ser demonstrados em contas e subcontas isoladas ou em conjunto conforme o caso. Para melhor compreensão, por exemplo, o caso do custo do produto vendido que deverá e poderá ser apresentado como: Custo do Produto Vendido = Custo Total do Produto = Custo do Produto + Custos Ambientais. A Receita com venda de produtos = Receita do Produto + Receita Ambiental (na mesma proporcionalidade relativa à participação dos custos ambientais nos custo total do produto).

Uma referência específica é quanto à origem da conta de compensações ambientais, a qual deve ser entendida como os certificados emitidos pela empresa relativos aos excedentes apurados nos resultados dos cálculos dos custos das variáveis ambientais correspondentes a determinado produto, ou seja, quando: $MC + ICCA + IA + RR > cX + E + MI$. A empresa poderá emitir o certificado para compensar os investimentos realizados em ativos ambientais na empresa, porque ela não poderá apurar este excedente no custo total do produto porque, com já referimos anteriormente, estaria diminuindo o custo econômico total do produto.

Os Planos de Contas propostos dependerão de decisão da empresa e, principalmente, das decisões de padronização das normas pelos órgãos competentes.

12.2. Plano de Contas das Atividades Econômicas Ambientais – PCAEA

O PCAEA está demonstrado no Quadro VII, em anexo. As contas das atividades econômicas ambientais, considerando o exemplo do estudo de caso para o ramo de bebidas – para a conta produto cerveja, compreendem:

No Grupo das Atividades econômicas ambientais: a conta Silos (Matéria Prima) com a subconta Variável Ambiental pó de malte/casca de arroz e a subconta das atividades-meio específicas da variedade econômica ambiental Silos (Matéria Prima); a conta Cozimento, com as subcontas Variável Ambiental Bagaço de Malte, Variável Ambiental Trub, e Variável ambiental Solução de Soda Cáustica; e a subconta das atividades-meio específicas da variedade econômica ambiental Cozimento. E, sucessivamente, para todas as atividades econômicas ambientais que compõem o processo de fabricação do produto cerveja.

No Grupo de Atividades econômicas ambientais-meio, a conta Laboratório com suas subcontas variáveis ambientais específicas e atividades-meio específicas; a conta Ambulatório com suas subcontas variáveis ambientais específicas e atividades-meio específicas; e, sucessivamente, para todas as atividades econômicas ambientais-meio que compõem o processo de fabricação do produto cerveja.

No Grupo de Atividades-meio Genéricas estão as contas que participam dos custos de todos os produtos da empresa, devido a esta característica, foram cognominadas de genéricas.

Este plano de contas deverá ser elaborado por produto ou um conjunto de produtos em função das características de cada empresa.

12.3. Plano de Contas Convencional e Ambiental – PCCA

A elaboração do PCCA está considerando as contas segundo as exigências da Lei nº 11638/2007 e Lei nº 11941/2009. Neste Plano de Contas estão inseridas as contas específicas ambientais que sugerimos, fundamentados nas contas originadas a partir das funções de produção propostas.

O PCCA está demonstrado no Quadro VIII, em anexo. As contas ambientais compreendem:

12.3.1. Contas do Ativo

No Grupo do **Ativo Circulante** constam as contas ambientais:

Aplicações Financeiras Ambientais e sua conta Certificados de Compensação de Ativos Ambientais que são os certificados de compensação ambiental emitidos, mas ainda não comercializados. Estes são os certificados emitidos pela empresa referentes aos excedentes apurados nos resultados dos cálculos dos custos das variáveis ambientais correspondentes a determinado produto, ou seja, quando: $MC + ICCA + IA + RR > cX + E + MI$. A empresa poderá emitir o certificado para compensar os investimentos realizados em ativos ambientais na e pela empresa, porque ela não poderá apurar este excedente no custo total do produto porque, como já referimos anteriormente, estaria diminuindo o custo econômico total do produto. E outra conta: Certificados Ambientais Negociáveis, compreendendo todos os certificados negociáveis existentes sujeitos à comercialização, exceto o anterior, como exemplo os certificados de seqüestro de carbono.

Estoques de Mercadorias Ambientais, inserida na conta **Estoques,** com sua conta de Insumos (materiais diretos consumidos pelas variáveis ambientais); de Produtos Reciclados de Resíduos em Elaboração; de Produtos Acabados Reciclados de Resíduos e uma de Estoques Destinados à Doação de Produtos Reciclados de Resíduos. Na conta Estoques de Produtos Acabados, dentro da conta ESTOQUE DE MERCADORIAS, podem ser destacados os componentes ambientais dos produtos acabados, porque os custos ambientais já foram apropriados.

Despesas Ambientais Antecipadas, inserida na conta **Despesas Antecipadas,** com suas contas de seguros ambientais, que possuem a finalidade de cobertura para riscos de danos ambientais e a terceiros que deverão ser incluídos em duas rubricas para seguros ambientais uma de: Seguros sobre Lucros Cessantes devido a causas ambientais e outra de Seguros para cobertura para riscos de Danos Ambientais a bens públicos e a Terceiros.

No Grupo do **Ativo Não Circulante,** as contas ambientais:

Aplicações Financeiras Ambientais, dentro da conta **Realizável a Longo Prazo,** com suas contas certificados de compensações ambientais de ativos ambientais e certificados ambientais negociáveis, com liquidez superior a um ano.

Investimentos Ambientais, dentro da conta **Investimentos,** compreendendo uma conta de investimentos em projetos ambientais em bens públicos ou em bem privados de interesse de preservação e conservação ecológica e ambiental.

Imobilizado Ambiental, dentro da conta **Imobilizado,** com as seguintes contas: Instalações utilizadas para fins de controle ambiental, Máquinas e Equipamentos com fins de redução na produção de resíduos, e Máquinas, Equipamentos e Ferramentas com fins de controle ambiental.

Depreciação Acumulada Ambiental, uma conta redutora também dentro da conta **Imobilizado**, com a conta Depreciação de Instalações com fins ambientais; e a conta Depreciação de Máquinas, Equipamentos e Ferramentas com fins ambientais. E, ainda, no **Imobilizado,** a conta redutora **Amortização Acumulada Ambiental.**

Intangíveis Ambientais, na conta **Bens Intangíveis,** com as contas Marcas e Patentes com fins ambientais, Propriedade Intelectual de tecnologias de processos com fins ambientais, Propriedade Intelectual de produtos reciclados de resíduos, Desenvolvimento de Produtos Reciclados de Resíduos e Outros. E, ainda, a conta ambiental redutora **Amortização Acumulada do Intangível Ambiental,** também dentro da conta **Bens Intangíveis.**

12.3.2. Contas do Passivo

No Grupo do **Passivo Circulante:**

Obrigações Ambientais que compreende a conta **Financiamentos com Fins Ambientais a Curto Prazo – SFN,** com as suas contas financiamentos em máquinas, equipamentos e instalações para controle ambiental, em projetos ambientais e outros fins ambientais. **Na Conta Multas e Indenizações Ambientais** são os pagamentos das multas por descumprimento de conformidades legais ambientais, e das indenizações por danos ambientais causados a bens públicos e a terceiros. **Na Conta Certificados Ambientais** são os certificados de compensações de passivos ambientais adquiridos pela empresa para compensar um passivo ambiental que a empresa está gerando. **Na Conta Outras Contas Ambientais a Pagar,** os seguros ambientais a pagar. **Na Conta Provisões Para Contingências Ambientais,** as provisões relativas a perdas prováveis em razão de eventos futuros que poderão ou não ocorrer. Seja em razão de multas ou indenizações devidas a fatos ambientais que estão em discussão judicial, ou que podem estar aguardando laudos técnicos para determinação do valor do dano ambiental, cuja decisão favorável à empresa é incerta. A conta de Provisão para Contingência Ambiental deve ser creditada e debitada na Conta de Resultado, como Provisão para pagamento de Dano Ambiental ou Provisão para pagamento de Multas. Deve-se incluir uma provisão para lucros cessantes por paralisações por causas e condicionantes ambientais.

No Grupo do **Passivo Não Circulante:**

Financiamentos com Fins Ambientais a Longo Prazo, dentro do **Exigível a Longo Prazo,** os Financiamentos em máquinas, equipamentos e instalações para controle ambiental, materiais e insumos com a finalidade ambiental. E, ainda, no **Exigível a Longo Prazo,** a conta **Provisões para Contingências Ambientais,** com suas contas Provisão contingentes para multas ambientais, Provisão contingente para indenizações ambientais, e Provisão contingente para lucros cessantes por paralisações por causas ambientais.

Reservas Ambientais, inserida na conta **Reservas do Patrimônio Líquido,** com suas contas Reservas de Contingências para Passivos Ambientais que compreende as reservas para pagamentos de passivos ambientais da empresa.

12.3.3. Contas de Resultados

No Grupo de contas **Resultados,** conforme Quadro VIII-A:

Inicialmente, antes de apresentar as contas ambientais, é relevante mencionar que na conta **Receita Operacional Bruta** está a conta Vendas de Produtos, a qual está inclusa o componente ambiental, que equivale à sua participação na composição do custo total do produto.

Receita Operacional Ambiental Bruta, dentro da conta **Receita Operacional Bruta,** com sua conta Componente ambiental das Vendas de Produtos (quando incluída, deve ser retirada da conta **Receita Operacional Bruta**); e a conta Venda de Produtos de Resíduos Reciclados (RR).

Deduções da Receita Ambiental Bruta, conta redutora dentro da conta **Receita Operacional Bruta,** com as suas contas Devoluções de Vendas de Produtos de RR, Abatimentos Concedidos a Produtos de RR, Impostos e Contribuições Incidentes sobre Vendas de Produtos de RR, e Participação do componente ambiental nos Impostos e Contribuições Incidentes sobre Vendas de Produtos.

Custos das Vendas Ambientais, conta redutora dentro da **Receita Operacional Líquida,** que compreende as contas: Custo das Variáveis Ambientais dos Produtos Vendidos e Custo de Produtos de Resíduos Reciclados (RR).

Despesas Operacionais Ambientais, conta redutora no **Resultado Operacional Bruto,** que compreende as contas Despesas Com Vendas Ambientais, Despesas Administrativas Ambientais, Despesas com Multas e Indenizações Ambientais (Multas por inconformidades legais, Indenizações por danos ambientais a bens públicos, e Indenizações por danos ambientais a terceiros), Despesas com Perdas Ambientais (Perdas com Sinistros ambientais, Perdas na Alienação de Imobilizado ambiental, e Perdas com a Deterioração de Produtos de Resíduos Reciclados).

Despesas Financeiras Ambientais Líquidas, conta redutora do **Resultado Operacional Bruto,** compreendida pela conta Despesas Ambientais Financeiras com sua conta redutora Receitas Ambientais Financeiras.

Outras Receitas e Despesas Ambientais, dentro do **Resultado Operacional Bruto,** com sua conta Venda de Bens e Direitos Ambientais do Ativo Não Circulante, sua conta redutora Custo da Venda de Bens e Direitos Ambientais do Ativo Não Circulante, a conta Indenizações de Seguros Ambientais, e a conta Resultado da Equivalência Patrimonial ambiental.

Esta Demonstração dos Resultados com as contas ambientais representam o resultado real da empresa, ou seja, resultado econômico-ambiental, pelo fato dos custos ambientais estarem internalizados no custo do produto.

Estas são as Contas Ambientais sugeridas, no momento atual, para serem inseridas no Plano de Contas Convencional e Ambiental – PCCA. Outras poderão vir a serem acrescentadas como consequência da aplicabilidade e operacionalidade do método proposto de mensuração e internalização dos custos ambientais, ativos e passivos ambientais.

As Demonstrações Financeiras da empresa, para fins de publicação, devem apresentar logo após as Notas Explicativas que facilitam a interpretação dos dados contidos nas Demonstrações Financeiras. As Notas Explicativas são esclarecimentos que visam complementá-las conforme disposto nos parágrafos 4º e 5º do artigo 176 da Lei nº 6406/1976. (RIBEIRO, O. M., 2009). Nestas Notas Explicativas propomos a inserção de Notas Explicativas Ambientais, onde se discorrerá sobre as suas contas ambientais e seus efeitos nos resultados da empresa. Nestas Notas Explicativas Ambientais deverão ser feitas as explicações com relação aos métodos de mensuração utilizados, aos problemas ambientais principais, às medidas de controle ambiental e às políticas e metas ambientais adotadas pela empresa e todas as explicações inerentes que sirvam para o esclarecimento de todas as contas e ações ambientais da empresa. É importante, também, evidenciar a participação dos custos ambientais no custo total dos produtos e o quanto a empresa é poluidora ou não.

12.4. Plano de Contas Ambiental Gerencial e Financeiro - PCAGF

Neste Plano de Contas serão inseridas as contas específicas ambientais já sugeridas no Plano de Contas Convencional e Ambiental e com outras contas ambientais que entendemos que pode contribuir para um melhor gerenciamento ambiental da empresa.

O PCAGF está demonstrado no Quadro IX, em anexo. As contas ambientais compreendem:

12.4.1. Contas do Ativo

No Grupo do **Ativo Circulante** constam as contas:

Aplicações Financeiras Ambientais com as suas contas Certificados de Compensação de Ativos Ambientais e Certificados Ambientais Negociáveis;

Estoque de Mercadorias Ambientais com as suas contas Insumos (materiais diretos consumidos pelas variáveis ambientais), Produtos Reciclados de Resíduos em Elaboração, Produtos Acabados Reciclados de Resíduos, e Estoques Destinados à Doação de Produtos Reciclados de Resíduos;

Despesas Antecipadas Ambientais com as suas contas Seguros sobre Lucros Cessantes devido a causas ambientais, e Seguros para Danos e Riscos Ambientais e a Terceiros.

No Grupo do **Ativo Não Circulante**, as contas:

Do **Realizável a Longo Prazo**, com a conta **Aplicações Financeiras Ambientais** e suas contas Certificados de Compensação de Ativos Ambientais e Certificados Ambientais Negociáveis. A conta **Investimentos**

Ambientais com suas contas Investimentos em projetos ambientais em bens públicos ou privados. A conta do **Imobilizado Ambiental** com suas contas: Instalações utilizadas para fins de controle ambiental, Máquinas e Equipamentos com fins de redução na produção de resíduos, e Máquinas, Equipamentos e Ferramentas com fins de controle ambiental. A conta redutora **Depreciação Acumulada Ambiental** com suas contas Depreciação de Instalações utilizadas com fins Ambientais, Depreciação de Máquinas, Equipamentos e Ferramentas com fins ambientais. A conta redutora **Amortização Acumulada Ambiental**.

Dos **Bens Intangíveis Ambientais** com as contas Marcas e Patentes com fins ambientais, Propriedade Intelectual de tecnologias de processos com fins ambientais, Propriedade Intelectual de produtos reciclados de resíduos, Desenvolvimento de Produtos Reciclados de Resíduos e Outros; e sua conta redutora **Amortização Acumulada do Intangível Ambiental.**

12.4.2. Contas do Passivo

No Grupo do **Passivo Circulante** constam as contas:

Obrigações Ambientais com suas contas Financiamentos com fins Ambientais a Curto Prazo – SFN; Multas e Indenizações Ambientais e suas contas Multas por descumprimento de conformidades legais ambientais, Indenizações por danos ambientais causados a bens públicos e a terceiros; Certificados Ambientais com sua conta Certificados de compensações de passivos ambientais; Outras Contas Ambientais a Pagar com sua conta Seguros Ambientais a Pagar; e Provisões para Contingências Ambientais com suas contas Provisão contingente para multas ambientais, Provisão contingente para indenizações ambientais, e Provisão contingente para lucros cessantes por paralisações por causas ambientais

No Grupo do **Passivo Não Circulante** constam as contas:

Exigível a Longo Prazo com as contas Financiamentos com Fins Ambientais a Longo Prazo – SFN; e Provisões para Contingências Ambientais e suas contas Provisão contingente para multas ambientais, Provisão contingente para indenizações ambientais, e Provisão contingente para lucros cessantes por paralisações por causas ambientais.

No Grupo do **Patrimônio Líquido** constam as contas:

Reservas Ambientais com a conta Reservas de Contingências para Passivos Ambientais.

Prejuízos Ambientais Acumulados.

Lucro (Prejuízo) Ambiental Líquido do Exercício.

12.4.3. Contas de Resultados

No Grupo de **Resultados** constam as contas, conforme Quadro IX-A:

Receita Operacional Ambiental Bruta com as contas Componente ambiental das Vendas de Produtos, e Venda de Produtos de Resíduos Reciclados (RR).

Deduções da Receita Ambiental Bruta conta redutora com suas contas Devoluções de Vendas de Produtos de RR, Abatimentos Concedidos a Produtos de RR, Impostos e Contribuições Incidentes sobre Vendas de Produtos de RR, Participação do componente ambiental nos Impostos e Contribuições Incidentes sobre Vendas de Produtos.

Receita Operacional Ambiental Líquida conta resultado da diferença entre a Receita Operacional Ambiental Bruta e suas deduções.

Custos das Vendas Ambientais conta redutora com suas contas Custo das Variáveis Ambientais dos Produtos Vendidos, e Custo de Produtos de Resíduos Reciclados (RR).

Resultado Operacional Ambiental Bruto conta resultado da diferença entre a Receita Operacional Ambiental Líquida e suas deduções.

Despesas Operacionais Ambientais conta redutora com suas contas: Despesas Com Vendas Ambientais, Despesas Administrativas Ambientais, Despesas com Multas e Indenizações Ambientais, e Despesas com Perdas Ambientais.

Despesas Financeiras Ambientais Líquidas conta redutora com sua conta: Despesas Ambientais Financeiras, e sua conta redutora Receitas Ambientais Financeiras.

Outras Receitas e Despesas Ambientais com suas contas: Venda de Bens e Direitos Ambientais do Ativo Não Circulante, e sua conta redutora Custo da Venda de Bens e Direitos Ambientais do Ativo Não Circulante; Indenizações de Seguros Ambientais; e Resultado da Equivalência Patrimonial ambiental.

Lucro (Prejuízo) Ambiental Antes do Imposto de Renda e da Contribuição Social conta resultado da diferença entre o Resultado Operacional Ambiental Bruto e as Despesas Operacionais Ambientais, Despesas Financeiras

Ambientais Líquidas e mais ou menos Outras Receitas e Despesas Ambientais, se positiva ou negativa respectivamente. E com sua conta redutora Provisão Ambiental para Imposto de Renda e Contribuição Social Sobre o Lucro.

Lucro (Prejuízo) Líquido Ambiental antes das Participações conta resultado da diferença entre o Lucro (Prejuízo) Ambiental Antes do Imposto de Renda e da Contribuição Social e a Provisão Ambiental para Imposto de Renda e Contribuição Social Sobre o Lucro. E com sua conta redutora Participações de Administradores, Empregados, Debêntures e Partes Beneficiárias.

Lucro (Prejuízo) Líquido do Exercício conta resultado da diferença entre Lucro (Prejuízo) Líquido Ambiental antes das Participações e a conta redutora Participações de Administradores, Empregados, Debêntures e Partes Beneficiárias.

13. CONSIDERAÇÕES FINAIS

O Método de Mensuração para a internalização dos custos ambientais nos custos dos bens e serviços produzidos permite:

- Contemplar o princípio poluidor pagador em sua essência estrita;
- Eliminar a concorrência desleal entre os que implantam e os que não implantam a gestão ambiental com foco no produto e na externalidade ambiental;
- Possibilitar o cálculo dos ativos e passivos ambientais;

- Possibilitar a integração entre a Contabilidade Convencional e a Contabilidade Ambiental, com a inserção das contas ambientais no Plano de Contas Convencional, e desta forma elaborar o Plano de Contas Convencional e Ambiental – PCCA;

- Demonstrar a real apuração do lucro da empresa, porque evidencia todos os seus custos e receitas;

- Que a avaliação dos custos, ativos e passivos ambientais seja realizada no momento atual, presente; cumprindo todos os princípios e convenções, em especial o princípio da competência e prudência;

- Que a preocupação da empresa seja focada em sua gestão ambiental interna, no meio ambiente e no homem. Deste modo, a adoção de práticas ambientais para cumprimento das exigências legais deixará de ser a preocupação principal;

- A produção de produtos ambientalmente corretos; a pesquisa e o desenvolvimento de novos produtos que aproveitem mais racionalmente e adequadamente os recursos ambientais e que minimizem a produção de resíduos (poluentes) que causem externalidades ambientais;

- Reduzir a necessidade de o Governo aplicar instrumentos de comando e controle para diminuir as emissões e resíduos ao meio ambiente;

- Que as políticas governamentais sejam mais voltadas para o desenvolvimento e estabelecimento de níveis ótimos de poluição, em função da capacidade de absorção e suporte dos recursos ambientais, como função de sumidouro; de indicadores e parâmetros para o cálculo das variáveis ambientais; e de regras para um mercado de certificados de compensações ambientais negociáveis emitidos pelas empresas.

A aplicação desse método nos oferece condições para inferir o seguinte conceito de Contabilidade Ambiental: é um sistema de registros dos fatos contábeis ambientais e de informações ambientais da empresa que evidencia todos os custos, ativos e passivos ambientais. Evidencia todas as externalidades ambientais internalizadas nos custos totais dos produtos da empresa, bem como as suas origens dentro de cada atividade econômica ambiental desenvolvida. Informa as medidas de controle ambiental adotadas para evitá-las, corrigi-las ou saná-las; e, também, o cumprimento das legislações ambientais. O sistema contábil ambiental está fundamentado no paradigma do Desenvolvimento Sustentável, na Economia Ambiental e no princípio concorrencial.

Uma consideração relevante é quanto ao entendimento sobre a questão da degradação ambiental. Esta não é uma perda econômica resultante de ineficiência gerencial, mas sim um resultado inerente da atividade econômica desenvolvida pela empresa. Isto significa dizer que os poluentes gerados por esta atividade (que são uns dos produtos ou, como queiram alguns, subprodutos), causam a degradação ambiental. Para minimizá-los há a necessidade de tecnologias apropriadas, que muitas vezes ainda não existem e, ainda, precisam ser desenvolvidas. Haverá ineficiência gerencial se as tecnologias e os conhecimentos de gestão ambiental estiverem disponíveis e não forem utilizadas e aplicadas. Outra consideração é quanto ao sistema de gestão ambiental que deverá ter como princípios básicos o método de internalização proposto e o fato dos poluentes serem um produto da atividade econômica.

A recomendação é a empresa implantar um Sistema de Contabilidade Ambiental por Atividades (SCAA) que terá como ponto referencial os débitos da mão de obra direta e dos materiais (matérias primas, insumos, energia e água) diretamente ao produto. Os custos indiretos deverão ser alocados a um centro de custos de atividades e, posteriormente, aos produtos. Neste sistema, o foco da contabilidade de custos será o controle das atividades (processos) econômico-ambientais e atividades-meio, bem como atividades econômicas ambientais-meio envolvidas na geração do poluente, e, consequentemente, do produto fabricado (leia-se bem e serviço produzido). Este sistema evidenciará com maior clareza e objetividade as vantagens da implantação de um Sistema de Gestão Ambiental.

Como sugestão preliminar, implantar e aplicar o método em uma empresa do ramo de bebidas. Isto porque o desenvolvimento do método foi baseado em um estudo de caso em uma empresa deste ramo. A sua implantação evidenciará e validará a viabilidade prática de sua aplicação, possibilitará a correção de alguns vieses nas informações obtidas no diagnóstico ambiental.

A sugestão subseqüente é a implantação e aplicação em empresas de todos os setores, segmentos e ramos. Sempre analisando, em função de suas especificidades, os resultados e a consistência dos mesmos. Outra sugestão é o desenvolvimento de estudos e pesquisas multidisciplinares de indicadores, correlacionando-os com os danos ambientais, com os poluentes e problemas ambientais, para determinar parâmetros para a mensuração dos passivos ambientais. E, ainda, a instituição de um sistema de padronização dos cálculos dos danos, dos seus indicadores e parâmetros, em função dos poluentes. Uma sugestão importante é a utilização do balanço de massa aplicado pela Tecnologia de Produção mais Limpa, na determinação dos coeficientes de proporcionalidade dos componentes da função de produção e função produto propostos. E, ainda, a criação de um Fundo de Desenvolvimento de Pesquisas e Recuperação da Qualidade do Meio Ambiente, como sugerido anteriormente, que deverá possuir como fonte primordial de recursos o direito de emissão dos certificados de compensações ambientais.

Como consideração final entende-se que o método proposto deve ser estudado, discutido, aperfeiçoado e melhorado; bem como continuar aprofundando na teoria referente aos métodos e procedimentos de análise e registros dos custos, ativos e passivos ambientais. Este método será de grande importância e contribuição para as empresas, a sociedade e o meio ambiente. A implementação pelas empresas desse sistema de contabilidade ambiental proposto irá proporcionar melhor aproveitamento dos recursos ambientais, proteção ambiental, geração de riquezas, e a fabricação de produtos com qualidade adicionada do atributo ambiental, superior aos existentes atualmente, com responsabilidade social e ambiental efetiva.

14. REFERÊNCIAS BIBLIOGRÁFICAS

ADAMS, R. **Linking Environmental and Financial Performance:** a survey of best practice techniques. UNCTAD - UNITED NATIONS, London, United Kingdom, 1.998,

ACSELRAD, H. Externalidade Ambiental e Sociabilidade capitalista. In: **Desenvolvimento e Natureza:** estudo para uma sociedade sustentável. CAVALCANTI, C. (Org.). 2. ed. São Paulo: Cortez, Recife, PE, 1998 p. 128 e 129.

ALIER, J. M. e JUSMET, J. R. (2000). **Economia Ecológica e Política Ambiental.** Programa das Nações Unidas para o Meio Ambiente. 1. ed. México, D. F.: Fondo de Cultura Econômica, 2000, p. 13 e 14.

ANDRADE et al. **Gestão Ambiental:** enfoque estratégico aplicado ao desenvolvimento sustentável. São Paulo: MAKRON, 2000, p. 88, 100 e 102.

ANUÁRIO. **Análise Gestão Ambiental.** 2. ed. São Paulo: Silvana Quaglio, 2008, p. 10, 18, 25, 88 e 239.

AZQUETA, D. **Valoracion Econômica de la Calidad Ambiental.** Madrid - Espanha: Macgran - Hill, 1994, p 75, 76, 131 e 132.

BEGOSSI, A. Aspectos de economia ecológica: modelos evolutivos, manejo comum e aplicações. In: **Economia do Meio Ambiente:** teoria, políticas e a gestão dos espaços regionais. ROMEIRO, A. R., REYDON, B. P. e LEONARDI, M. L. A. (Org.). Campinas: UNICAMP. IE, 1996, p. 44.

BELLIA, V. **Introdução à Economia do Meio Ambiente**. Brasília – DF: IBAMA, 1996, p 94, 104 e 105.

BRASIL. **Constituição da República Federativa do Brasil:** texto constitucional promulgado em 05 de outubro de 1988, com as alterações adotadas pelas Emendas Constitucionais números 1/92 a 42/2003 e pelas Emendas Constitucionais de Revisão números 1 a 6/94. Brasília: Senado Federal, Subsecretaria de Edições Técnicas, 2004, p. 107, 127 e 128.

BRASIL. **Resolução CONAMA Nº 001, de 23 de janeiro de 1986.** Disponível no site: http://www.mma.gov.br/port/conama/res/res86/res0186.html. Acesso em 18/12/2010.

BRASIL. Lei nº 11638, de 27 de dezembro de 2007. **Diário Oficial da União.** Brasília, DF, 28/12/2007. Disponível em: http://www.planalto.gov.br/ccivil_03/_ato2007-2010/2007/lei/l11638.htm Acesso em 29/12/2010

BRASIL. Lei nº 11941, de 27 de maio de 2009. **Diário Oficial da União.** Brasília, DF, 28/05/2009. Disponível em: http://www.planalto.gov.br/ccivil_03/_ato2007-2010/2007/lei/l11638.htm Acesso em 29/12/2010

BRASIL. **Resolução CFC Nº 750/93:** Princípios Fundamentais de Contabilidade. Brasília: Conselho Federal de Contabilidade, 1993.

BRIMSON, J. A. **Contabilidade por Atividades:** uma abordagem de custeio baseado em atividades. Tradução de Antonio T. G. Carneiro. São Paulo: Atlas, 1996, p. 27, 28, 29, 32 a 37, 39, 136, 187 e 218.

CAIRNCROSS, F. **Meio Ambiente: Custos e Benefícios**. São Paulo: Nobel, 1.992, p. 47 e 99.

CÁNEPA, E. M. Economia da Poluição. In: **Economia do Meio Ambiente:** teoria e prática. MAY, P. H. (Org.). 2. ed. Rio de Janeiro: Elsevier, 2010, p. 80, 81, 83, 91 e 92.

CARVALHO, G. M. B. **Contabilidade Ambiental:** teoria e prática. 2 ed. (ano 2008), 1ª reimp. Curitiba: Juruá, 2009, p 145.

CASHIN, J. et. al. **Curso de Contabilidade de Custos.** - vol. 1, Editora Macgraw-Hill do Brasil, 1.982.

CECHIN, A. e VEIGA, J. E. O fundamento central da economia ecológica. In: **Economia do Meio Ambiente:** teoria e prática. MAY, P. H. (Org.). 2. ed. Rio de Janeiro: Elsevier, 2010, p. 33, 34 e 36.

CHIAVENATO. **Introdução à Teoria Geral da Administração.** 4. ed. São Paulo: Makron Books, 1993, p. 166.

CIBMA – I CONFERÊNCIA DA INDÚSTRIA BRASILEIRA PARA O MEIO AMBIENTE. **Crescimento com Sustentabilidade.** São Paulo: CNI, 2007, p. 4 a 6.

CNC – Comissão de Normalização Contabilística. **Diretriz Contabilística nº 29:** matérias ambientais. 2002. Disponível no site: http://www.apotec.pt/fotos/editor2/DC_n_29.pdf. Acesso em 10/12/2010.

CNC – Comissão de Normalização Contabilística. **Norma Internacional de Contabilidade IAS 37.** 1998. Disponível no site: http://www.cnc.min-financas.pt/sitecnc_IAS2.htm. Acesso em 10/12/2010.

COMUNE, A. E. Meio Ambiente, Economia e Economistas: uma breve discussão. In: **Valorando a Natureza:** análise econômica para o desenvolvimento sustentável. MAY, P. H. e MOTTA, R. S. (Org.). Rio de Janeiro – RJ: Campus, 1994, p. 46.

COMISSÃO MUNDIAL SOBRE O MEIO AMBIENTE E DESENVOLVIMENTO. **Nosso Futuro Comum.** FGV, Rio de Janeiro-RJ, 1991

COSTANZA, R. Economia Ecológica: uma agenda de pesquisa. In: **Valorando a Natureza:** análise econômica para o desenvolvimento sustentável. MAY, P. H. e MOTTA, R. S. (Org.). Rio de Janeiro – RJ: Campus, 1994, p. 111 a 114.

COULSON, A. **Environmental Accounting, Liabilities and Costs in Financial Statements - modulo 2 from Environmental Accounting.** Guidance Manual Accounting and Financial Reporting for Environmental Costs and Liabilities UNCTAD - UNITED NATIONS, 1.998, p. 20.

DONAIRE, D. **A Variável Ecológica no Ambiente dos Negócios.** Revista IMES, 1994, p. 30.

FARIA, J. J. P. **A Contabilidade Ambiental nas Indústrias do Ramo de Bebidas.** 1999. Monografia (Especialização em Economia do Meio Ambiente). UFMT, Cuiabá - MT.

FERREIRA, A. C. S. **Contabilidade de Custos para Gestão do Meio Ambiente.** São Paulo: Caderno de Estudos da FIPECAFI/FEA-USP nº 12, 1995, p. 21.

FERREIRA, A. C. S. **Contabilidade Ambiental:** uma informação para o desenvolvimento sustentável. São Paulo: Atlas, 2003, p 52 a 55, 91, 97 a102.

GONÇALVES, S. S. e HELIODORA, P. A. **A Contabilidade Ambiental como um novo Paradigma.** Blumenau: Revista Universo Contábil, v. 1, n.3, 2005, p 82, 84 a 86.

GRUPO DE TRABALHO DE PERITOS - GTP DA ONU. **Contabilidade da Gestão Ambiental Procedimentos e Princípios.** Divisão para o Desenvolvimento Sustentável das Nações Unidas em cooperação com o Ministério Federal Austríaco dos Transportes Inovação e Tecnologia. Tradução de Constança Peneda e Miguel Marçal com a colaboração de Paulo Saraiva e Cristina Santos. NAÇÕES UNIDAS, Nova Iorque, 2001, p 10

IBRACON - Instituto Brasileiro de Contadores. **Normas e Procedimentos de Auditoria - NPA-11:** Balanço e Ecologia. São Paulo, 1996.

IUDÍCIBUS, Sérgio et al. **Contabilidade Introdutória.** 5. ed. São Paulo: Atlas S/A, 1.980. p 54.

KROETZ, C. E. S. **Apostila de Contabilidade de Custos I.** IJUÍ – RS: UNIJUÍ/DECON. 2001, p. 18 a 22. Disponível no site: http://apostilas.netsaber.com.br/apostilas/1029.pdf. Acesso em 18/12/2010

LEMOS, H. M. e CASTRO, M. I. Competitividade e Meio Ambiente no Mercosul. 2003. In: **Elementos de Política y Herramientas de Gestión Ambiental y Production Más Limpia em el Mercosur:** proyecto competitividad y médio ambiente. Montevidéo – Uruguai: Ministério Federal de Cooperación Econômica y Desarrollo/GTZ. 2004, p. 32 a 34, e 41.

LUCA, M. M. M. e MARTINS, E. **Ecologia via Contabilidade.** São Paulo: Boletim IBRACON nº 188, 1994, p. 04.

MARGULIS, S. Estimativas dos Custos Ambientais no México. In: **Valorando a Natureza:** análise econômica para o desenvolvimento sustentável. MAY, P. H. e MOTTA, R. S. (Org.). Rio de Janeiro – RJ: Campus, 1994, p. 69.

MARGULIS, S. Economia do Meio Ambiente. In: **Meio Ambiente:** aspectos técnicos e econômicos. Sérgio Margulis (Org.) 2ed. Cap. 6. Brasília: DOC/DIPES/IPEA, 1996, 136, 139 e 153.

MARTINS, E. e RIBEIRO, M. S. **A Informação como Instrumento de Contribuição da Contabilidade para a Compatibilidade do Desenvolvimento Econômico e a Preservação do Meio Ambiente.** Boletim do IBRACON nº 208, 1995, p.01, 22 a 32.

MATTAR, J. **Filosofia e Ética na Administração.** São Paulo: Saraiva, 2004, p. 162, 167, 172, 174, 178 e 316.

MER, F. **As Empresas e o Meio Ambiente.** Revista Brasileira de Contabilidade nº 108, 1997, p. 77.

MILÔNE, P. C. Crescimento e Desenvolvimento Econômico: teorias e evidências empíricas. In: **Manual de Economia.** PINHO, D. B. e VASCONCELLOS, M. A. S.(Org.). 5. Ed. São Paulo - SP: Saraiva, 2005, p. 485.

MOTTA, F. C. **Meio Ambiente e Balanço Social.** São Paulo: Boletim do IBRACON nº 228, 1997, p. 02.

MOTTA, R. S. **Manual para Valoração Econômica de Recursos Naturais.** Brasília – DF: IPEA/MMA/PNUD/CNPq, 1.998

MOTTA, R. S. **Economia Ambiental.** Rio de Janeiro: FGV, 2006, p. 9, 13 e 16.

ODDONE, S. Herramientas de Gestión Ambiental y Producción Más Limpia. (2004). In: **Elementos de Política y Herramientas de Gestión Ambiental y Production Más Limpia em el Mercosur:** proyecto competitividad y médio ambiente. Montevidéo – Uruguai: Ministério Federal de Cooperación Econômica y Desarrollo/GTZ. 2004, p. 60 e 104.

OLIVEIRA, R. G. Economia do Meio Ambiente. In: **Manual de Economia.** PINHO, D. B. e VASCONCELLOS, M. A. S.(Org.). 5. Ed. São Paulo - SP: Saraiva, 2005, p. 529, 530, 533, 535, 536 e 537.

POLÍTICA NACIONAL DO MEIO AMBIENTE. Lei nº 6.938, de 31 de agosto de 1981. In: **Legislação Ambiental Brasileira.** CARVALHO, C. G. 2., ed. Leme – SP: Direito, 1999, p. 59.

REVISTA BRASILEIRA DE CONTABILIDADE. **XV Congresso Mundial de Contadores - Paris (26 a 29/10/97).** Nº 108, v26, 1997, p. 3-82.

RIBEIRO, M. S. e MARTINS, E. **Apuração dos Custos Ambientais por meio do Custeio por Atividades.** São Paulo: Boletim do IBRACON nº 243, ano XXI, 1998, p. 3 e 4.

RIBEIRO, O. M. **Contabilidade Básica Fácil.** 26 ed. ampl. e atual. São Paulo: Saraiva, 2009, p. 369.

RICKLEFS, R. **A Economia da Natureza.** Tradução de Cecília Bueno e Pedro P. L. da Silva. Rio de Janeiro – RJ: Guanabara Koogan, 1996, p. 1, 2, 86, 137 e 222.

RIZZIERI, J. A. Concepções e Definições sobre Ciência Econômica. In: **Manual de Economia.** PINHO, D. B. e VASCONCELLOS, M. A. S.(Org.). 5. Ed. São Paulo - SP: Saraiva, 2005, p. 7.

ROHDE, G. M. Mudanças de Paradigma e Desenvolvimento Sustentado. In: **Desenvolvimento e Natureza:** estudo para uma sociedade sustentável. CAVALCANTI, C. (Org.). 2. ed. São Paulo: Cortez, Recife, PE, 1998 p. 41.

ROMEIRO, A. R. Economia ou economia política da sustentabilidade. In: **Economia do Meio Ambiente:** teoria e prática. MAY, P. H. (Org.). 2. ed. Rio de Janeiro: Elsevier, 2010, p. 8 e 12.

RUFFING, L. **Environmental Accounting and Financial Reporting for Enterprises.** Rio de Janeiro - RJ: BNDES/UNCTAD/UNITED NATIONS ENVIRONMENTAL PROGRAMME, 1998.

SILVA, B. G. **Contabilidade Ambiental:** sob a ótica da contabilidade financeira. Curitiba: Juruá, 2009, p 36, 38, 283 e 284.

SILVA, J. A. **Direito ambiental constitucional**. São Paulo: Malheiros Editores, 1995, p 2.

SOUZA, R. F. P. **Economia do Meio Ambiente: aspectos teóricos da economia ambiental e da economia ecológica.** XLVI Congresso da Sociedade Brasileira de Economia, Administração e Sociologia Rural. Rio Branco: SOBER, 2008.

TIETENBERG, T. H. Administrando a Transição para um Desenvolvimento Sustentável: o papel dos incentivos econômicos. In: **Valorando a Natureza:** análise econômica para o desenvolvimento sustentável. MAY, P. H. e MOTTA, R. S. (Org.). Rio de Janeiro – RJ: Campus, 1994, p. 95.

TINOCO, J. E. P. **Meio Ambiente e Contabilidade.** Revista Brasileira de Contabilidade, Ano XXIII, nº 89, 1994, p. 29.

UNCTAD. Guidance Manual Accounting and Financial Reporting for Environmental Costs and Liabilities. In: **Environmental Accounting.** UNITED NATIONS, novembro/1997 (mimeo).

UNCTAD. **International Accounting and Reporting Issues 1995 Review:** Environmental Accounting. UNITED NATIONS, New York e Geneva, 1.996.

UNCTAD. **Environmental Management Standards, Particularly The ISO 14.000 Séries:** Trade and Investment Impacts on Developing Countries. UNITED NATIONS, 1997.

ANEXOS

Quadro I - Matriz Correlação: Atividades Econômicas Ambientais x Problemas Ambientais x Poluentes.

(FARIA, J.J.P. 1999)

Atividades Econômicas Ambientais	Problemas Ambientais	Poluentes
1. Silos (Matéria Prima)	Poluição do Ar	1.1. Pó de Malte/Casca e pó de arroz
2. Cozimento	Poluição das Águas	2.1. Bagaço de Malte 2.2. Trub 2.3. Solução de Soda Cáustica
3. Adegas	Poluição das Águas	3.1. Fermento Residual 3.2. Solução de Soda Cáustica 3.3. Solução de Desinfetantes
4. Filtração	Poluição das Águas Poluição do Solo Poluição das Águas Poluição das Águas	4.1. Fermento Residual 4.2. Terra Infusória 4.3. Solução de Soda Cáustica 4.4. Solução de Desinfetantes
5. Laboratório	Poluição do Solo Poluição das Águas	5.1. Embalagens vazias de Produtos Químicos 5.2. Mercúrio de Termômetro
6. Ambulatório	Poluição do Ar	6.1. Lixo Ambulatorial
7. Refeitório	Poluição do Solo	7.1. Restos de Comida
8. ETE	Poluição das Águas Poluição do Ar	8.1. Resíduo das Grades/Caixas de Areia e Peneiras Estáticas 8.2. Lodo Aeróbico 8.3. Gases da ETE
9. Utilidades	Poluição do Solo	9.1. Embalagens Vazias de Produtos Químicos

	Poluição das Águas	9.2. Óleos Lubrificantes Usados
		9.3. Óleo Contaminado de Amônia
		9.4. Borra de Óleo de Estocagem
	Poluição do Ar	9.5. Fuligem das Caldeiras
		9.6. Fumaça das Caldeiras
	Poluição das Águas	9.7. Purga da Linha de Amônia
10. Engarrafamento	Poluição das Águas	10.1. Solução de Soda Cáustica
		10.2. Solução de Desinfetantes
		10.3. Água de Aquecimento do Pasteurizador
	Poluição do Solo	10.4. Embalagens Vazias de Produtos Químicos
	Poluição das Águas	10.5. Polpa de Rótulos
	Poluição do Solo	10.6. Sucata de Rolhas Metálicas
	Poluição do Ar e Solo	10.7. Embalagens Vazias de Tintas, Solventes, Solventes Codificados
		10.8. Restos de Tintas, Solventes, Borra de Limpeza Codificada
11. Captação de Água	Exaustão da Água	11.1. Alteração da Vazão ou Regime Hidráulico
		11.2. Alteração Física nas Margens dos Leitos dos Corpos dágua
12. ETA	Poluição do Solo	12.1. Embalagens Vazias de Produtos Químicos
		12.2. Resíduos Sólidos da Limpeza da ETA
13. Segurança, Higiene e Trabalho	Poluição do Solo	13.1. Materiais Inservíveis

Quadro II - Matriz Correlação: Atividades Econômicas Ambientais /Poluentes x Efeitos x Danos Potenciais Ambientais (FARIA, J.J.P. 1999)

Atividades Econômicas Ambientais / Poluentes	**Efeitos**	**Danos Potenciais Ambientais**
1. Atividade Silos (Matéria Prima) 1.1.Pó de Malte/Casca e Pó de Arroz	- Doenças Respiratórias; Irritação dos olhos	- Morbidade Humana
2.Atividade Cozimento 2.1.Bagaço de Malte 2.2.Trub 2.3.Solução de Soda Cáustica	- Aumento da Quantidade de Matéria Orgânica nos Sedimentos Sob a forma Particulada e Dissolvida no Meio Líquido - Aumento do Crescimento de Organismos Heterotróficos que aumentam o consumo de O_2, o que resulta no aumento da depleção de O_2 - Demanda por oxigênio maior que a capacidade de reoxigenação do corpo resulta em situação Anaeróbica - Idem ao Bagaço de Malte - Mudanças no equilíbrio ecológico aquático devido a alteração do pH do corpo d'água.	- Água imprópria para consumo - Mortalidade dos Peixes - Perda de Produção de Peixes - Idem ao Bagaço de Malte - Mortalidade de Peixes
3.Atividade Adegas 3.1.Fermento Residual 3.2.Solução de Soda Cáustica 3.3.Solução de Desinfetantes	- Idem ao Bagaço de Malte - Idem ao 2.3 - Prejudiciais a qualidade da água - Tóxicos aos organismos Aquáticos	- Água imprópria para consumo - Mortalidade dos peixes - Perda de produção dos peixes - Idem ao 2.3 - Água imprópria para consumo - Mortalidade de peixes
4.Atividade Filtração 4.1.Fermento Residual 4.2.Terra Infusória 4.3.Solução de Soda Cáustica 4.4.Solução de Desinfetantes	- Idem ao 3.1 - Área imprópria para atividade rural - Idem ao 2.3 - Idem ao 3.3	- Idem ao 3.1 - Perda de produção da área de disposição - Idem ao 2.3 - Idem ao 3.3
5.Atividade Laboratório 5.1.Embalagens vazias de Produtos Químicos 5.2.Mercúrio de Termômetro	Área imprópria para atividade rural Entra na cadeia alimentar causando teratogênese, carcinogênese e perturbações neurológicas, podendo levar a morte	- Perda de produção da área de disposição - Morbidade humana - Mortalidade humana
6.Atividade Ambulatório 6.1.Lixo Ambulatorial	- Produção de gases tóxicos por incineração que podem provocar doenças e até levar à	- Morbidade humana - Mortalidade humana - Perda da área de produção da área do aterro (área

	morte	de incineração)
7.Atividade Refeitório 7.1.Restos de Comida	- Área imprópria para a atividade rural	- Perda de produção da área do aterro sanitário
8.Atividade ETE 8.1.Resíduo das Grades/Caixas de Areia e Peneiras Estáticas 8.2.Lodo Aeróbico 8.3.Gases da ETE	- Área imprópria para a atividade rural - Idem ao 7.1 - Tóxicos aos organismos, causando doenças e pode levar até a morte - Odor fétido - Chuvas ácidas	- Perda de produção da área do aterro sanitário - Idem ao 7.1 - Morbidade humana - Mortalidade humana - Desvalorização das propriedades do entorno - Perda de produção das lavouras
9.Atividade Utilidades 9.1.Embalagens vazias de Produtos Químicos 9.2.Óleos Lubrificantes usados 9.3.Óleo Contaminado de Amônia 9.4.Borda de Óleo de Estocagem 9.5.Fuligem das Caldeiras 9.6.Fumaça das Caldeiras 9.7.Purga da Linha de Amônia	- Idem ao 5.1 - Devido à baixa densidade, viscosidade, alta tensão superficial e baixa solubilidade na água forma filmes que impedem a interação entre os organismos e seu meio. - Idem ao 9.2 - Idem ao 9.2 - Material particulado que pelo vento depositam nas folhas das plantas, afetando a produtividade - Área imprópria para a atividade rural - Chuva ácida e oxidantes fotoquímicas - Doenças respiratórias, etc. - Altera a qualidade natural da água - Altera o equilíbrio ecológico do corpo d'água - Pode acarretar eutrofização do corpo d'água	- Idem ao 5.1 - Mortalidade dos peixes - Idem ao 9.2 - Idem ao 9.2 - Perda de produção das lavouras - Perda de produção da área do aterro - Morbidade humana - Mortalidade humana - Perda de produção de lavouras - Perda de produção pecuária - Perda de fauna e flora - Água imprópria para abastecimento - Mortalidade de peixes
10. Atividade Engarrafamento 10.1.Solução de Soda Cáustica 10.2.Solução de Desinfetantes 10.3.Água de Aquecimento do Pasteurizador 10.4.Embalagens Vazias de Produtos Químicos 10.5.Polpa de Rótulos	- Idem ao 2.3 - Idem ao 3.3 - Não há - Idem ao 5.1 - Altera a qualidade da água - Altera o equilíbrio ecológico do corpo d'água - Não há - Gases tóxicos devido à incineração	- Idem ao 2.3 - Idem ao 3.3 - Não há - Idem ao 5.1 - Água imprópria para consumo - Mortalidade de peixes - Não há - Morbidade humana - Mortalidade humana - Perda produção da área do aterro - Idem ao 10.7

10.6.Sucata de Rolhas Metálicas 10.7.Embalagens Vazias de Tintas, Solventes, Solventes Codificados 10.8.Restos de Tintas, Solventes, Borra de Limpeza Codificada	- Área imprópria para atividade rural - Idem ao 10.7	
11.Atividade de Captação de Água 11.1.Alteração da Vazão ou Regime Hidráulico 11.2.Alteração Física nas Margens dos Leitos dos Corpos d'água	- Diminuição do volume d'água do corpo d'água afeta a produtividade da fauna aquática. - Redução da vazão nas épocas secas pode causar prejuízos ás atividades humanas, e à flora e fauna aquática - Para a flora e fauna aquática, a eliminação das margens e áreas de inundação provoca o desaparecimento de uma importante área de obtenção de alimentos e reprodução, causando uma redução na biodiversidade do corpo d'água com consequente redução de sua capacidade de autodepuração (Reoxigenação)	- Perda de recurso hídrico - Perda da produção da fauna e flora aquática - Perda de produção de atividades econômicas que utilizam água - Perda de biodiversidade - Perda de produção de peixes
12.Atividade ETA 12.1.Embalagens Vazias de Produtos Químicos 12.2.Resíduos Sólidos da Limpeza da ETA	- Idem ao 5.1 - Idem ao 8.1	- Idem ao 5.1 - Idem ao 8.1
13.Atividade. Segurança, Higiene e Trabalho 13.1. Materiais Inservíveis	- Idem ao 8.1	- Idem ao 8.1

Quadro III - Matriz Correlação: Atividades Econômicas Ambientais/Poluentes x Medidas de Controle Ambiental. (FARIA, J.J.P. 1999)	
Atividades Econômicas Ambientais/Poluentes	**Medidas de Controle Ambiental.**

1. Atividade Silos (Matéria Prima) 1.1.Pó de Malte/Casca e Pó de Arroz	EPI`s para funcionários; varredura Equipamento para minimizar a geração de pós Venda da varredura como alimentação animal
2.Atividade Cozimento 2.1.Bagaço de Malte 2.2.Trub 2.3.Solução de Soda Cáustica	Venda para ração animal Venda para ração animal ETE
3.Atividade Adegas 3.1.Fermento Residual 3.2.Solução de Soda Cáustica 3.3.Solução de Desinfetantes	Incorporado ao solo ETE ETE
4.Atividade Filtração 4.1.Fermento Residual 4.2.Terra Infusória 4.3.Solução de Soda Cáustica 4.4.Solução de Desinfetantes	Incorporado ao solo (isento de contaminação) Incorporado ao solo ETE ETE
5.Atividade Laboratório 5.1.Embalagens vazias de Produtos Químicos 5.2.Mercúrio de Termômetro	(Lavagem das embalagens e seleção de material por natureza) - Reciclagem Envio para reciclagem
6.Atividade Ambulatório 6.1.Lixo Ambulatorial	Envio para o aterro sanitário
7.Atividade Refeitório 7.1.Restos de Comida	Envio para o aterro sanitário
8.Atividade ETE 8.1.Resíduo das Grades/Caixas de Areia e Peneiras Estáticas 8.2.Lodo Aeróbico 8.3.Gases da ETE	Envio para o aterro sanitário Compostagem Plantio de árvores como quebra-ventos; equipamentos p/ captação p/ energia, etc. Compostagem
9.Atividade Utilidades 9.1.Embalagens vazias de Produtos Químicos 9.2.Óleos Lubrificantes usados 9.3.Óleo Contaminado de Amônia 9.4.Borra de Óleo de Estocagem 9.5.Fuligem das Caldeiras 9.6.Fumaça das Caldeiras 9.7.Purga da Linha de Amônia	Envio para reciclagem Envio para reciclagem Envio para reciclagem Reuso ou reciclagem Envio para o aterro sanitário Filtros ETE
10. Atividade Engarrafamento 10.1.Solução de Soda Cáustica 10.2.Solução de Desinfetantes 10.3.Água de Aquecimento do Pasteurizador 10.4.Embalagens Vazias de Produtos Químicos 10.5.Polpa de Rótulos 10.6.Sucata de Rolhas Metálicas 10.7.Embalagens Vazias de Tintas, Solventes, Solventes Codificados 10.8.Restos de Tintas, Solventes, Borra de Limpeza Codificada	ETE ETE ETE e reutilização Envio para reciclagem (lavagem e seleção pela natureza de material - prévia) Envio para reciclagem (após prensada; retirada da umidade que dificulta a reciclagem) Envio para reciclagem (retirada de contaminantes) Devolução para o fabricante ou incineração licenciada Incineração licenciada
11.Atividade de Captação de Água 11.1.Alteração da Vazão ou Regime Hidráulico 11.2.Alteração Física nas Margens dos Leitos dos Corpos d'água	Utilização racional dos recursos, captando apenas a vazão que não prejudique a manutenção da fauna e flora existentes Proteção das margens

12.Atividade ETA 12.1.Embalagens Vazias de Produtos Químicos 12.2.Resíduos Sólidos da Limpeza da Eta	Envio para reciclagem (após lavagem e seleção pela natureza de material) Aterro Sanitário
13.Atividade. Segurança, Higiene e Trabalho 13.1. Materiais Inservíveis	Aterro sanitário

Quadro IV - Matriz Correlação: Atividades Econômicas Ambientais/Poluentes x Danos Potenciais Ambientais x Método de Mensuração (FARIA, J.J.P. 1999)

Atividades Econômicas Ambientais/Poluentes	Danos Potenciais Ambientais	Método de Mensuração
1. Atividade Silos (Matéria Prima) 1.1.Pó de Malte/Casca e Pó de Arroz	- Morbidade Humana	MCA e MPS
2.Atividade Cozimento 2.1.Bagaço de Malte 2.2.Trub 2.3.Solução de Soda Cáustica	- Água imprópria para consumo - Mortalidade dos peixes - Perda de produção de peixes - Idem ao Bagaço de Malte - Mortalidade de Peixes	MCA MPM e MPS MPS Idem ao Bagaço de Malte MPM e MPS
3.Atividade Adegas 3.1.Fermento Residual 3.2.Solução de Soda Cáustica 3.3.Solução de Desinfetantes	- Água imprópria para consumo - Mortalidade dos peixes - Perda de produção dos peixes - Idem ao 2.3 - Água imprópria para consumo - Mortalidade de peixes	MCA MPM e MPS MPS MPM e MPS MCA MPM e MPS
4.Atividade Filtração 4.1.Fermento Residual 4.2.Terra Infusória 4.3.Solução de Soda Cáustica 4.4.Solução de Desinfetantes	- Idem ao 3.1 - Perda de produção da área de deposição - Idem ao 2.3 - Idem ao 3.3	Idem ao 3.1 MPS Idem ao 2.3 Idem ao 3.3
5.Atividade Laboratório 5.1.Embalagens vazias de Produtos Químicos 5.2.Mercúrio de Termômetro	- Perda de produção da área de deposição - Morbidade humana - Mortalidade humana	MPS MCA e MPS MPM e MPS
6.Atividade Ambulatório 6.1.Lixo Ambulatorial	- Morbidade humana - Mortalidade humana - Perda da área de produção da área do aterro (área de incineração)	MCA e MPS MPM e MPS MCA e MPS
7.Atividade Refeitório 7.1.Restos de Comida	- Perda de produção da área do aterro sanitário	MCA e MPS
8.Atividade ETE 8.1.Resíduo das Grades/Caixas de Areia e Peneiras Estáticas 8.2.Lodo Aeróbico 8.3.Gases da ETE	- Perda de produção da área do aterro sanitário - Idem ao 7.1	MCA e MPS MCA e MPS MCA e MPS

	- Morbidade humana	MPM e MPS
	- Mortalidade humana	MPH
	- Desvalorização das propriedades do entorno	MPS
	- Perda de produção da agropecuária	
9.Atividade Utilidades		
9.1.Embalagens vazias de Produtos Químicos	- Idem ao 5.1	Idem ao 5.1
	- Mortalidade dos peixes	MPM e MPS
9.2.Óleos Lubrificantes usados	- Idem ao 9.2	Idem ao 9.2
9.3.Óleo Contaminado de Amônia	- Idem ao 9.2	Idem ao 9.2
9.4.Borra de Óleo de Estocagem	- Perda de produção das lavouras	MPS
9.5.Fuligem das Caldeiras	- Perda de produção da área do aterro	MCA e MPS
	- Morbidade humana	MCA e MPS
9.6.Fumaça das Caldeiras	- Mortalidade humana	MPM e MPS
	- Perda de produção de lavouras	MPS
	- Perda de produção pecuária	MPS
	- Perda de fauna e flora	MPH e MVC
	- Água imprópria para abastecimento	MCA
9.7.Purga da Linha de Amônia	- Mortalidade de peixes	MPM e MPS
10. Atividade Engarrafamento		
10.1.Solução de Soda Cáustica	- Idem ao 2.3	Idem ao 2.3
10.2.Solução de Desinfetantes	- Idem ao 3.3	Idem ao 3.3
10.3.Água de Aquecimento do Pasteurizador	- Não há	
10.4.Embalagens Vazias de Produtos Químicos	- Idem ao 5.1	Idem ao 5.1
	- Idem ao 9.7	Idem ao 9.7
10.5.Polpa de Rótulos	- Não há	Não há
10.6.Sucata de Rolhas Metálicas	- Morbidade humana	MCA e MPS
10.7.Embalagens Vazias de Tintas, Solventes, Solventes Codificados	- Mortalidade humana	MPM e MPS
	- Perda produção da área do aterro	MPS
10.8.Restos de Tintas, Solventes, Borra de Limpeza Codificada	- Idem ao 10.7	Idem ao 10.7
11.Atividade de Captação de Água		
11.1.Alteração da Vazão ou Regime Hidráulico	- Perda de recurso hídrico	MPS
	- Perda da produção da fauna e flora aquática	MPS
		MCA e MPS
	- Perda de produção de atividades econômicas que utilizam água	
11.2.Alteração Física nas Margens dos Leitos dos Corpos da'gua	- Perda de biodiversidade	MPH e MVC
	- Perda de produção de peixes	MPS
12.Atividade ETA		
12.1.Embalagens Vazias de Produtos Químicos	- Idem ao 5.1	Idem ao 5.1
12.2.Resíduos Sólidos da Limpeza da Eta	- Idem ao 8.1	Idem ao 8.1
13.Atividade. Segurança, Higiene e Trabalho		
13.1. Materiais Inservíveis	- Idem ao 8.1	Idem ao 8.1

Quadro V - Matriz Correlação: Atividades Econômicas Ambientais/Poluentes x Danos Potenciais Ambientais x Indicadores. (FARIA, J.J.P. 1999)		
Atividades Econômicas Ambientais/Poluentes	**Danos Potenciais Ambientais**	**Indicadores**
1. Atividade Silos (Matéria Prima) 1.1.Pó de Malte/Casca e Pó de Arroz	- Morbidade Humana	TPH (Tempo de permanência no Hospital) RM (rendimento médio do trabalhador com base na PEA) PDT (Perda de dias trabalhados) IMV (Idade média de vida) IPHT (Índice produtividade hora trabalhada)
2.Atividade Cozimento 2.1.Bagaço de Malte 2.2. Trub 2.3.Solução de Soda Cáustica	- Água imprópria para consumo - Mortalidade dos peixes - Perda de produção de peixes - Idem ao Bagaço de Malte - Mortalidade de Peixes	CPUA (Custo padrão unitário de água para abastecimento) DBO (Demanda Bioquímica por oxigênio) DBO e série histórica de produção de peixes do corpo d'água Idem ao 2.1 pH e quantidade de soda cáustica consumida na atividade (Qsc).
3. Atividade Adegas 3.1.Fermento Residual 3.2.Solução de Soda Cáustica 3.3.Solução de Desinfetantes	- Idem ao 2.1 - Idem ao 2.3 - Água imprópria para consumo - Mortalidade de peixes	Idem ao 2.1 Idem ao 2.3 CPUA Concentração dos produtos avaliados na água; quantidade consumida na atividade
4. Atividade Filtração 4.1.Fermento Residual 4.2.Terra Infusória 4.3.Solução de Soda Cáustica 4.4.Solução de Desinfetantes	- Idem ao 2.1 - Perda de produção da área de deposição - Idem ao 2.3 - Idem ao 3.3	Idem ao 2.1 Concentração de sílica Concentração de alumínio Idem ao 2.3 Idem ao 3.3
5. Atividade Laboratório 5.1.Embalagens vazias de Produtos Químicos 5.2.Mercúrio de Termômetro	- Perda de produção da área de deposição - Morbilidade humana - Mortalidade humana	Receita média/há da área de deposição Idem 1.1 HCVx (valor presente da renda futura da pessoa de idade x) n (n.º de óbitos associados a este fator)
6. Atividade Ambulatório 6.1.Lixo Ambulatorial	- Morbidade humana - Mortalidade humana - Perda da área de produção da área do aterro (área de incineração)	Idem 1.1 Idem 5.2 RM/ha (receita média/há
7. Atividade Refeitório 7.1.Restos de Comida	- Perda de produção da área do aterro sanitário	RM/ha

8. Atividade ETA 8.1.Resíduo das Grades/Caixas de Areia e Peneiras Estáticas 8.2.Lodo Aeróbico 8.3.Gases da ETE	- Idem ao 7.1 - Idem ao 7.1 - Morbidade humana - Mortalidade humana - Perda de produção da agropecuária - Desvalorização das propriedades do entorno	Idem ao 7.1 Idem ao 7.1 Idem ao 1.1 Idem ao 5.2 RM/ha Densidade de ocupação da área do entorno; n.º de propriedades urbanas
9. Atividade Utilidades 9.1.Embalagens vazias de Produtos Químicos 9.2.Óleos Lubrificantes usados 9.3.Óleo Contaminado de Amônia 9.4.Borda de Óleo de Estocagem 9.5.Fuligem das Caldeiras 9.6.Fumaça das Caldeiras 9.7.Purga da Linha de Amônia	- Idem ao 5.1 - Mortalidade dos peixes - Idem ao 9.2 - Idem ao 9.2 - Perda de produção agropecuária do entorno - Perda de produção da área do aterro - Morbidade humana - Mortalidade humana - Perda de produção de lavouras - Perda de produção pecuária - Perda de fauna e flora - Mortalidade de peixes - Água imprópria para consumo	Idem ao 5.1 Concentração de óleos e graxas e quantidade de peixes mortos Idem ao 9.2 Idem ao 9.2 RM/ha RM/há Idem ao 1.1 Idem ao 5.2 RM/há RM/há Valor da biodiversidade/ha Quantidade purgada da linha de amônia Concentração de NH3 CPUA
10. Atividade Engarrafamento 10.1.Solução de Soda Cáustica 10.2.Solução de Desinfetantes 10.3.Água de Aquecimento do Pasteurizador 10.4.Embalagens Vazias de Produtos Químicos 10.5.Polpa de Rótulos 10.6.Sucata de Rolhas Metálicas 10.7.Embalagens Vazias de Tintas, Solventes, Solventes Codificados 10.8.Restos de Tintas, Solventes, Borra de Limpeza Codificada	- Idem ao 2.3 - Idem ao 3.3 - Não há - Idem ao 5.1 - Idem ao 9.7 - Não há - Morbidade humana - Mortalidade humana - Perda produção da área do aterro - Idem ao 10.7	Idem ao 2.3 Idem ao 3.3 Idem ao 5.1 Idem ao 9.7 Idem ao 1.1 Idem ao 5.2 RM/ha Idem ao 10.7
11. Atividade de Captação de Água 11.1.Alteração da Vazão ou Regime Hidráulico 11.2.Alteração Física nas Margens dos Leitos dos Corpos da´gua	- Perda de recurso hídrico - Perda da produção da fauna e flora aquática - Perda de produção de atividades econômicas que utilizam água - Perda de biodiversidade - Perda de produção de peixes	RM/unidade de volume Série histórica da vazão do corpo dágua Valor da biodiversidade/há RM/há Valor da biodiversidade/há DBO e série histórica de produção de peixes do corpo

		d'água
12. Atividade ETA 12.1.Embalagens Vazias de Produtos Químicos 12.2.Resíduos Sólidos da Limpeza da Eta	- Idem ao 5.1 - Idem ao 8.1	Idem ao 5.1 Idem ao 8.1
13.Atividade. Segurança, Higiene e Trabalho 13.1. Materiais Inservíveis	- Idem ao 8.1	Idem ao 8.1

Quadro VI - Sinopse do Resultado do Diagnóstico Ambiental Problemas Ambientais x Danos Potenciais Ambientais. (FARIA, J.J.P. 1999)	
Problemas Ambientais	**Danos Potenciais Ambientais**
1. Poluição do ar	Morbidade humana Mortalidade humana Perda de produção da área do aterro sanitário Perda de produção da áreas com agropecuária Perda de fauna e flora
2. Poluição das Águas	Água imprópria para o consumo Mortalidade de peixes Perda de produção de peixes Perda de recurso hídrico Perda de produção de flora e fauna aquática Perda de biodiversidade do corpo dágua
3. Poluição do Solo	Perda de produção da área de deposição Perda de produção da área do aterro sanitário

QUADRO VII - PLANO DE CONTAS DAS ATIVIDADES ECONÔMICAS AMBIENTAIS - PCCA: com Base na Empresa do Ramo de Bebidas					
CONTA PRODUTO CERVEJA					
Grupo	Atividades econômicas	Grupo	Atividades econômicas	Grupo	Atividades-meio

	ambientais (a.e.a)		ambientais meio		Genéricas
Conta	Silos (Matéria Prima)	Conta	Laboratório	Conta	Compras
Subconta	Variável Ambiental pó de malte/casca de arroz	Subconta	Variáveis ambientais específicas	Conta	Almoxarifado
Subconta	Atividades-meio da a.e.a. Silos	Subconta	Atividades-meio específicas	Conta	Serviços gerais
Conta	Cozimento	Conta	Ambulatório	Conta	Financeiro
Subconta	Variável Ambiental Bagaço de Malte	Subconta	Variáveis ambientais específicas	Conta	Recursos humanos
Subconta	Variável Ambiental Trub	Subconta	Atividades-meio específicas	Conta	Outras
Subconta	Variável Ambiental Solução de Soda Cáustica	Conta	Refeitório		
Subconta	Atividades-meio da a.e.a. Cozimento	Subconta	Variáveis ambientais específicas		
Conta	Adegas	Subconta	Atividades-meio específicas		
Subconta	Variável Ambiental Fermento Residual	Conta	Utilidades		
Subconta	Variável Ambiental Solução de Soda Cáustica	Subconta	Variáveis ambientais específicas		
Subconta	Variável Ambiental Solução de Desinfetantes	Subconta	Atividades-meio específicas		
Subconta	Atividades-meio da a.e.a. Adegas	Conta	Captação de Água		
Conta	Filtração	Subconta	Variáveis ambientais específicas		
Subconta	Variável Ambiental Fermento Residual	Subconta	Atividades-meio específicas		
Subconta	Variável	Conta	Segurança,		

	Ambiental Terra Infusória		**Higiene e Trabalho**		
Subconta	Variável Ambiental Solução de Soda Cáustica	Subconta	Variáveis ambientais específicas		
Subconta	Variável Ambiental Solução de Desinfetantes	Subconta	Atividades-meio específicas		
Subconta	Atividades-meio da a.e.a. da Filtração				
Conta	**ETE**				
Subconta	Variáveis ambientais específicas				
Subconta	Atividades-meio				
Conta	**Engarrafamento**				
Subconta	Variáveis ambientais específicas				
Subconta	Atividades-meio específicas				
Conta	**ETA**				
Subconta	Variáveis ambientais específicas				
Subconta	Atividades-meio específicas				
Observações: As atividades-meio servem para o cálculo tanto das atividades econômicas ambientais quanto para as atividades econômicas ambientais meio. O SCAA deve conter um centro de custos de atividades.					
FONTE: Elaborado por FARIA, J. J. P. em janeiro de 2011					

QUADRO VIII - PLANO DE CONTAS CONVENCIONAL E AMBIENTAL - PCCA	
ATIVO	PASSIVO
CIRCULANTE	CIRCULANTE
DISPONIBILIDADES	FINANCIAMENTOS A CURTO PRAZO - SFN
APLICAÇÕES FINANCEIRAS	FORNECEDORES
APLICAÇÕES FINANCEIRAS AMBIENTAIS	SALÁRIOS E ENCARGOS SOCIAIS
Certificados de Compensação de Ativos Ambientais	IMPOSTOS E CONTRIBUIÇÕES SOCIAIS
Certificados Ambientais Negociáveis	ADIANTAMENTO DE CLIENTES

CONTAS A RECEBER DE CLIENTES	OUTRAS OBRIGAÇÕES
ADIANTAMENTOS	PROVISÕES PARA CONTINGÊNCIAS
IMPOSTOS E CONTRIBUIÇÕES A RECUPERAR	OBRIGAÇÕES AMBIENTAIS
ESTOQUES	FINANCIAMENTOS C/ FINS AMBIENTAIS A CURTO PRAZO - SFN
ESTOQUE DE MERCADORIAS	MULTAS E INDENIZAÇÕES AMBIENTAIS
ESTOQUE DE MERCADORIAS AMBIENTAIS	Multas por descumprimento de conformidades legais ambientais
Insumos (materiais diretos consumidos pelas variáveis ambientais)	Indenizações por danos ambientais causados a bens públicos e a terceiros
Produtos Reciclados de Resíduos em Elaboração	CERTIFICADOS AMBIENTAIS
Produtos Acabados Reciclados de Resíduos	Certificados de compensações de passivos ambientais
Estoques Destinados à Doação de Produtos Reciclados de Resíduos	OUTRAS CONTAS AMBIENTAIS A PAGAR
DESPESAS ANTECIPADAS	Seguros ambientais a Pagar
DESPESAS DIVERSAS ANTECIPADAS	PROVISÕES PARA CONTINGÊNCIAS AMBIENTAIS
DESPESAS AMBIENTAIS ANTECIPADAS	Provisão contingente para multas ambientais
Seguros s/Lucros Cessantes devido a causas ambientais	Provisão contingente para indenizações ambientais
Seguros para Danos e Riscos Ambientais e a Terceiros	Provisão contingente para lucros cessantes por paralisações por causas ambientais
NÃO CIRCULANTE	PASSIVO NÃO CIRCULANTE
REALIZÁVEL A LONGO PRAZO	EXIGÍVEL A LONGO PRAZO
APLICAÇÕES FINANCEIRAS	FINANCIAMENTOS A LONGO PRAZO - SFN
APLICAÇÕES FINANCEIRAS AMBIENTAIS	FINANCIAMENTOS C/ FINS AMBIENTAIS A LONGO PRAZO - SFN
Certificados de Compensação de Ativos Ambientais	PROVISÕES PARA CONTINGÊNCIAS AMBIENTAIS
Certificados Ambientais Negociáveis	Provisão contingente para multas ambientais
CONTAS A RECEBER DE CLIENTES	Provisão contingente para indenizações ambientais
EMPRÉSTIMOS A EMPRESAS COLIGADAS	Provisão contingente para lucros cessantes por paralisações por causas ambientais
EMPRÉSTIMOS A TERCEIROS	
DEPÓSITOS JUDICIAIS	
INVESTIMENTOS	
PARTICIPAÇÕES SOCIETÁRIAS	
COLIGADAS E CONTROLADAS	
INVESTIMENTOS AMBIENTAIS	
Investimentos em projetos ambientais em bens públicos ou privados	
IMOBILIZADO	
IMOBILIZADO NÃO AMBIENTAL	
IMOBILIZADO AMBIENTAL	
Instalações utilizadas para fins de controle ambiental	

Máquinas e Equipamentos com fins de redução na produção de resíduos	
Máquinas, Equipamentos e Ferramentas com fins de controle ambiental	
(-) DEPRECIAÇÃO ACUMULADA	
(-) DEPRECIAÇÃO ACUMULADA AMBIENTAL	
Depreciação de Instalações utilizadas com fins Ambientais	
Depreciação de Máquinas, Equipamentos e Ferramentas com fins ambientais	
(-) AMORTIZAÇÃO ACUMULADA	**PATRIMÔNIO LÍQUIDO**
(-) AMORTIZAÇÃO ACUMULADA AMBIENTAL	**CAPITAL SOCIAL**
BENS INTAGÍVEIS	**RESERVAS**
INTANGÍVEIS	**RESERVAS DE CAPITAL**
INTANGÍVEIS AMBIENTAIS	**RESERVAS DE REAVALIAÇÃO**
Marcas e Patentes com fins ambientais	**AJUSTES DE AVALIAÇÃO PATRIMONIAL**
Propriedade Intelectual de tecnologias de processos com fins ambientais	**RESERVAS DE LUCROS**
Propriedade Intelectual de produtos reciclados de resíduos	RESERVAS AMBIENTAIS
Desenvolvimento de Produtos Reciclados de Resíduos	Reservas de Contingências para Passivos Ambientais
Outros	**(-) PREJUÍZOS ACUMULADOS**
(-) AMORTIZAÇÃO ACUMULADA DO INTANGÍVEL	**RESULTADO DO EXERCÍCIO**
(-) AMORTIZAÇÃO ACUMULADA DO INTANGÍVEL AMBIENTAL	**(-) LUCROS DISTRIBUÍDOS**
TOTAL DO ATIVO	**TOTAL DO PASSIVO**
Obs.: Elaborado por FARIA, J. J. P. em dezembro/2010. Alguns grupos de contas estão destacadas para evidenciar as contas ambientais.	

QUADRO VIII-A - DEMONSTRAÇÕES DOS RESULTADOS DO EXERCÍCIO DO PCCA
RECEITA OPERACIONAL BRUTA
Vendas de Produtos
RECEITA OPERACIONAL AMBIENTAL BRUTA
Componente ambiental das Vendas de Produtos
Venda de Produtos de Resíduos Reciclados (RR)
(-) DEDUÇÕES DA RECEITA BRUTA

Devoluções de Vendas
Abatimentos
Impostos e Contribuições Incidentes sobre Vendas
(-) DEDUÇÕES DA RECEITA AMBIENTAL BRUTA
Devoluções de Vendas de Produtos de RR
Abatimentos Concedidos a Produtos de RR
Impostos e Contribuições Incidentes sobre Vendas de Produtos de RR
Participação do componente ambiental nos Impostos e Contribuições Incidentes sobre Vendas de Produtos
= RECEITA OPERACIONAL LIQUIDA
(-) CUSTOS DAS VENDAS
Custo dos Produtos Vendidos
(-) CUSTOS DAS VENDAS AMBIENTAIS
Custo das Variáveis Ambientais dos Produtos Vendidos
Custo de Produtos de Resíduos Reciclados (RR)
= RESULTADO OPERACIONAL BRUTO
(-) DESPESAS OPERACIONAIS
Despesas Com Vendas
Despesas Administrativas
(-) DESPESAS OPERACIONAIS AMBIENTAIS
Despesas Com Vendas Ambientais
Despesas Administrativas Ambientais
Despesas com Multas e Indenizações Ambientais
Despesas com Perdas Ambientais
(-) DESPESAS FINANCEIRAS LÍQUIDAS
Despesas Financeiras
(-) Receitas Financeiras
Variações Monetárias e Cambiais Passivas
(-) Variações Monetárias e Cambiais Ativas
(-) DESPESAS FINANCEIRAS AMBIENTAIS LÍQUIDAS
Despesas Ambientais Financeiras
(-) Receitas Ambientais Financeiras
OUTRAS RECEITAS E DESPESAS
Resultado da Equivalência Patrimonial
Venda de Bens e Direitos do Ativo Não Circulante
(-) Custo da Venda de Bens e Direitos do Ativo Não Circulante
OUTRAS RECEITAS E DESPESAS AMBIENTAIS
Venda de Bens e Direitos Ambientais do Ativo Não Circulante
(-) Custo da Venda de Bens e Direitos Ambientais do Ativo Não Circulante
Indenizações de Seguros Ambientais
Resultado da Equivalência Patrimonial ambiental
LUCRO (PREJUÍZO) ANTES DO IMPOSTO DE RENDA E DA CONTRIBUIÇÃO SOCIAL
(-) Provisão para Imposto de Renda e Contribuição Social Sobre o Lucro

= LUCRO (PREJUÍZO) LÍQUIDO ANTES DAS PARTICIPAÇÕES
(-) Participações de Administradores, Empregados, Debêntures e Partes Beneficiárias
(=) LUCRO (PREJUÍZO) LÍQUIDO DO EXERCÍCIO
Obs.: Elaborado por FARIA, J. J. P. em dezembro/2010. Alguns grupos de contas estão destacadas para evidenciar as contas ambientais.

QUADRO IX - PLANO DE CONTAS AMBIENTAL GERENCIAL E FINANCEIRO - PCAGF	
ATIVO	**PASSIVO**
CIRCULANTE	**CIRCULANTE**
APLICAÇÕES FINANCEIRAS AMBIENTAIS	**OBRIGAÇÕES AMBIENTAIS**
Certificados de Compensação de Ativos Ambientais	**FINANCIAMENTOS C/ FINS AMBIENTAIS A CURTO PRAZO - SFN**
Certificados Ambientais Negociáveis	**MULTAS E INDENIZAÇÕES AMBIENTAIS**
ESTOQUE DE MERCADORIAS AMBIENTAIS	Multas por descumprimento de conformidades legais ambientais
Insumos (materiais diretos consumidos pelas variáveis ambientais)	Indenizações por danos ambientais causados a bens públicos e a terceiros
Produtos Reciclados de Resíduos em Elaboração	**CERTIFICADOS AMBIENTAIS**
Produtos Acabados Reciclados de Resíduos	Certificados de compensações de passivos ambientais
Estoques Destinados à Doação de Produtos Reciclados de Resíduos	**OUTRAS CONTAS AMBIENTAIS A PAGAR**
DESPESAS ANTECIPADAS AMBIENTAIS	Seguros ambientais a Pagar
Seguros sobre Lucros Cessantes devido a causas ambientais	**PROVISÕES PARA CONTINGÊNCIAS AMBIENTAIS**
Seguros para Danos e Riscos Ambientais e a Terceiros	Provisão contingente para multas ambientais
NÃO CIRCULANTE	Provisão contingente para indenizações ambientais
REALIZÁVEL A LONGO PRAZO	Provisão contingente para lucros cessantes por paralisações por causas ambientais
APLICAÇÕES FINANCEIRAS AMBIENTAIS	**PASSIVO NÃO CIRCULANTE**
Certificados de Compensação de Ativos Ambientais	**EXIGÍVEL A LONGO PRAZO**
Certificados Ambientais Negociáveis	**FINANCIAMENTOS C/ FINS AMBIENTAIS A LONGO PRAZO - SFN**
INVESTIMENTOS AMBIENTAIS	**PROVISÕES PARA CONTINGÊNCIAS AMBIENTAIS**
Investimentos em projetos ambientais em bens públicos ou privados	Provisão contingente para multas ambientais
IMOBILIZADO AMBIENTAL	Provisão contingente para indenizações ambientais
Instalações utilizadas para fins de controle ambiental	Provisão contingente para lucros cessantes por paralisações por causas ambientais

Máquinas e Equipamentos com fins de redução na produção de resíduos	
Máquinas, Equipamentos e Ferramentas com fins de controle ambiental	
(-) DEPRECIAÇÃO ACUMULADA AMBIENTAL	
Depreciação de Instalações utilizadas com fins Ambientais	
Depreciação de Máquinas, Equipamentos e Ferramentas com fins ambientais	
(-) AMORTIZAÇÃO ACUMULADA AMBIENTAL	
BENS INTAGÍVEIS AMBIENTAIS	
Marcas e Patentes com fins ambientais	
Propriedade Intelectual de tecnologias de processos com fins ambientais	**PATRIMÔNIO LÍQUIDO**
Propriedade Intelectual de produtos reciclados de resíduos	**RESERVAS AMBIENTAIS**
Desenvolvimento de Produtos Reciclados de Resíduos	Reservas de Contingências para Passivos Ambientais
Outros	**PREJUÍZOS AMBIENTAIS ACUMULADOS**
(-) AMORTIZAÇÃO ACUMULADA DO INTANGÍVEL AMBIENTAL	**LUCRO (PREJUÍZO) AMBIENTAL LÍQUIDO DO EXERCÍCIO**
TOTAL DO ATIVO	**TOTAL DO PASSIVO**
Obs.: Elaborado por FARIA, J. J. P. em janeiro/2011	

QUADRO IX-A - DEMONSTRAÇÕES DOS RESULTADOS AMBIENTAIS DO EXERCÍCIO DO PCAGF
CONTAS DE RESULTADO AMBIENTAL
RECEITA OPERACIONAL AMBIENTAL BRUTA
Componente ambiental das Vendas de Produtos
Venda de Produtos de Resíduos Reciclados (RR)
(-) DEDUÇÕES DA RECEITA AMBIENTAL BRUTA
Devoluções de Vendas de Produtos de RR
Abatimentos Concedidos a Produtos de RR
Impostos e Contribuições Incidentes sobre Vendas de Produtos de RR
Participação do componente ambiental nos Impostos e Contribuições Incidentes sobre Vendas de Produtos
= RECEITA OPERACIONAL AMBIENTAL LIQUIDA

(-) CUSTOS DAS VENDAS AMBIENTAIS
Custo das Variáveis Ambientais dos Produtos Vendidos
Custo de Produtos de Resíduos Reciclados (RR)
= RESULTADO OPERACIONAL AMBIENTAL BRUTO
(-) DESPESAS OPERACIONAIS AMBIENTAIS
Despesas Com Vendas Ambientais
Despesas Administrativas Ambientais
Despesas com Multas e Indenizações Ambientais
Despesas com Perdas Ambientais
(-) DESPESAS FINANCEIRAS AMBIENTAIS LÍQUIDAS
Despesas Ambientais Financeiras
(-) Receitas Ambientais Financeiras
OUTRAS RECEITAS E DESPESAS AMBIENTAIS
Venda de Bens e Direitos Ambientais do Ativo Não Circulante
(-) Custo da Venda de Bens e Direitos Ambientais do Ativo Não Circulante
Indenizações de Seguros Ambientais
Resultado da Equivalência Patrimonial ambiental
LUCRO (PREJUÍZO) AMBIENTAL ANTES DO IMPOSTO DE RENDA E DA CONTRIBUIÇÃO SOCIAL
(-) Provisão Ambiental para Imposto de Renda e Contribuição Social Sobre o Lucro
= LUCRO (PREJUÍZO) LÍQUIDO AMBIENTAL ANTES DAS PARTICIPAÇÕES
(-) Participações de Administradores, Empregados, Debêntures e Partes Beneficiárias
(=) LUCRO (PREJUÍZO) LÍQUIDO DO EXERCÍCIO
Obs.: Elaborado por FARIA, J. J. P. em janeiro/2011

JOSÉ JUAREZ PEREIRA DE FARIA – Engenheiro Agrônomo formado pela Escola Superior de Agronomia "Luiz de Queiroz" – ESALQ - Universidade de São Paulo – USP, Mestre em Engenharia Civil e Ambiental na Área de Geotecnia Ambiental pela Universidade Federal de Campina Grande – UFCG,
Especialista em Economia do Meio Ambiente pela Faculdade de Administração, Economia e Ciências Contábeis – Universidade Federal de Mato Grosso - FAECC/UFMT; ex-Conselheiro do Conselho Estadual do Meio Ambiental do Estado de Mato Grosso – CONSEMA, representando a Secretaria de Estado, de Indústria, Comércio, Minas e Energia – SICME; ex-Membro representante da SICME no Fórum Estadual de Mudanças Climáticas de Mato Grosso. Atualmente Diretor da J.J.P DE FARIA ASSESSORIA E CONSULTORIA EMPRESARIAL.

www.ingramcontent.com/pod-product-compliance
Lightning Source LLC
Chambersburg PA
CBHW060409220526
45465CB00008B/2815